JN409834

제3판

옛사람에게 길을 묻다

옛사람에게 길을 묻다

제 3 판

1판 1쇄 펴낸날 / 2003년 3월 12일
2판 1쇄 펴낸날 / 2003년 8월 29일
2판 3쇄 펴낸날 / 2007년 2월 23일
3판 1쇄 펴낸날 / 2009년 1월 20일

편저자 / 김 현 룡
펴낸이 / 오 명
펴낸곳 / **건국대학교출판부**
주 소: 143-701, 서울시 광진구 화양동 1번지
전 화: (02)450-3891~3
팩 스: (02)457-7202
등 록: 제4-3 호(1971. 6. 21)
홈페이지: press.konkuk.ac.kr
e-mail: press@konkuk.ac.kr

책임편집 / 이지은

찍은곳 / (주)동화인쇄

정가 **11,000원**

ISBN 978-89-7107-505-0 03810

이 도서의 국립중앙도서관 출판시도서목록(CIP)은 e-CIP 홈페이지(http://www.nl.go.kr/ecip)에서 이용하실 수 있습니다.(CIP제어번호: CIP2009000065)

옛사람에게 길을 묻다

제 3 판

김 현 룡 편저

건국대학교출판부

들어가는 말

현재는 과거이고 또 미래이다. 그러니까 실상 어느 한 지점도 그 자체로 과거와 현재와 미래인 것이다. 우리가 갈 길을 옛사람에게 물을 수 있고 또 물어 봐야 하는 이유가 바로 여기에 있다.

이 책은 열두 개의 마당으로 이루어져 있다. 보이지 않는 법칙, 미래에 대한 예측, 착한 사람 좋은 세상, 자기 안의 자기 찾기, 선과 악의 대결, 사랑의 실마리, 사랑의 성취, 시련 속에 이룬 사랑, 어버이와 자식 사이, 인간관계 속의 자기, 사회 속의 자기, 배우는 자세 등이 그것이다. 이 열두 마당은 여러 사람이 각기 몇 마당씩 원고를 작성한 것이기에, 그 내용들은 제각각 개성을 지니고 있으며, 우리들의 체험 속에서 절실하게 느껴지는 문제들, 그리고 주제들이다. 하지만 이 내용들은 서로서로 얽혀 조화를 이루고 있다. 그러므로 읽거나 교재로 사용하는 데 있어서 어디서부터 시작해도 좋을 것이다. 인연이 닿는 곳에서 물어 보고, 더듬어 가고, 또 찾아낼 수 있기를 기대한다.

2003년 봄

편저자 김현룡

차례

셋째 마당 착한 사람, 좋은 세상

넷째 마당 자기 안의 자기 찾기

여덟째 마당 시련 속에 이룬 사랑

아홉째 마당 어버이와 자식 사이

열째 마당 인간관계 속의 자기

열하나째 마당 사회 속의 자기

열둘째 마당 배우는 자세

부 록

첫째 마당

보이지 않는 법칙

하늘과 땅이 장구長久한 까닭은?

무엇 때문에 오래 가지 못할까? 그렇게 다정多情했던 사이였는데 왜 그리도 빨리 변變하나? 영원永遠하고 항구적恒久的인 것은 없는 걸까? 천년千年이 지나고 만년萬年이 지나도 하늘과 땅이 변함이 없는 이유理由는 무엇일까? 『노자老子』에 다음과 같은 내용이 있다.

天長地久[1]. 天地所以能長且[2]久者, 以其不自生, 故能長生. 是以聖人後其身而身先, 外其身而身存. 非以其無私邪[3]. 故能成其私.

『老子』

하려고 하면 오히려 되지 않는다. 내버려 두었는데 어느 새 되어 있다. 그러니 하는 것은 잘못 하는 것이고 하지 않는 것이 도리어 잘 하는 것이다. 살려고 하면 죽을 수밖에 없는데 살 생각 안 하면 길이길이 살아 남는다. 내 몸을 뒤로 할 수만 있다면, 내 몸을 버릴

1) 久(구) : 오랠 구.
2) 且(차) : 또 차.
3) 邪(사, 야) : 사특(邪慝)할 사, 어조사(語助辭) 야. 여기서는 '어조사 야'로 쓰였다.

수만 있다면, 그럴 수 있을 때 비로소 내 몸은 온전해질 수가 있다. 내가 어떻게 나를 버릴 수 있단 말인가!

하늘과 땅의 이치를 좇아서 흘러가는 것이 나 자신을 버리는 방편이요, 그 속에서 자유자재가 실현될 수 있으리라.

우리를 어리석게 하는 것들

우리는 보다 분명分明하게 보려고 하고, 보다 확실確實하게 들으려 하고, 보다 견고堅固하게 잡으려 한다. 그러나 분명하게 본 것인데 다시 보면 아니고, 확실하게 들은 것인데 다시 들어 보면 다르고, 견고하게 잡은 것인데 다시 잡으려면 없다. 어처구니없는 일이다. 무엇이 우리를 어리석게 하는가? 『노자老子』에는 다음과 같은 내용이 있다.

五色令[1]人目盲[2], 五音令人耳聾[3], 五味令人口爽[4],
馳騁[5]畋獵[6]令人心發狂[7], 難[8]得之貨[9]令人行妨[10].

---

1) 令(령) : 하여금 령.
2) 盲(맹) : 눈멀 맹, 소경 맹.
3) 聾(롱) : 귀머거리 롱, 귀먹을 롱.
4) 爽(상) : 어그러질 상, 시원할 상. 여기서는 '어그러질 상'의 뜻으로 쓰였다.
5) 馳騁(치빙) : 말을 몰아서 달림. 馳(달릴 치), 騁(달릴 빙).
6) 畋獵(전렵) : 사냥을 함. 사냥할 전(畋), 사냥할 렵(獵).
7) 發狂(발광) : 미침. 狂(미칠 광).
8) 難(난) : 어려울 난.
9) 貨(화) : 재물(財物) 화.
10) 妨(방) : 거리낄 방.

是以聖人爲腹[11]不爲目, 故去彼[12]取此.

『老子』

우리가 보는 것이 오색五色만한 것이 없다. 그러나 오색五色이 오히려 눈을 멀게 한다. 우리가 듣는 것이 오음五音만한 것이 없다. 그러나 오음五音이 오히려 귀를 먹게 한다. 우리 입에 척 달라붙는 것이 오미五味만한 것이 없지만 이 오미五味로 해서 우리 입은 맛을 분별하지 못한다. 사람 마음에 흔쾌欣快한 것이 전렵畋獵만한 것이 없지만 이 전렵畋獵으로 해서 우리 마음은 발광發狂을 한다. 얻기 어려운 은금보화銀金寶貨일수록 사람을 옥죈다. 이런 모든 것은 우리의 마음을 한 곳으로만 몰아 가 올바른 판단을 흐리게 하기 때문이다. 배를 채우는 것(주관을 가지고 마음 중심을 잡는 것)과 눈요기하는 것(외계 변화에 정신을 파는 것) 가운데 무엇을 택擇할 것인가?

11) 腹(복) : 배 복.
12) 彼(피) : 저 피.

돌아보고 또 돌아보다

하늘은 스스로 돕는 자를 돕는다고 한다. 우리들은 이러한 격언에서 노력의 중요성을 깨우쳤다. 그런데 노력만으로 되는 것일까? 혹시 다른 요건이 필요한 것은 아닐까?

> 我將我享, 維羊維牛, 維天其右1)之. 儀式刑文王之典,
>
> 日靖四方. 伊嘏2)文王, 旣右享3)之.
>
> 我其夙夜, 畏天之威, 于時4)保之.

『詩經』周頌 · 淸廟之什 <我將>

『시경』주송 · 청묘지십의 <아장>에서는 부지런히 노력하고 조상

---

1) 右(우) : 여기서는 높을 우로 해석한다. 신(神)은 동향에서 제사음식을 받으므로 높인다로 해석한다.

2) 嘏(가) : 복 가.

3) 享(향) : 여기에서는 흠향할 향이다.

4) 時(시) : 보통 때를 말하는데, 여기에서는 '이에'란 뜻으로 해석한다.

을 섬기는 데 정성을 다하는 인물이, 자신을 돌아보고 다스리는 모습이 나타난다. 이로 본다면, 하늘의 도움은 스스로의 노력과 반성의 결실인 것이다.

하늘에는 법칙이 있다

우리의 일상생활에서 '하늘'이란 존재는 참 신성하면서도 오묘한 존재로 인식된다. 옛사람들은 인간의 힘이 닿을 수 없는 '하늘'이 어떠한 법칙으로 인간들을 규제한다고 생각했을까? 하늘의 법칙이란 무엇인가?

種瓜[1]得瓜, 種豆得豆. 天網[2]恢[3]恢, 疎[4]而不漏[5].

『明心寶鑑』天命篇[6]

이 문장은 천명天命에 대하여 강조하고 있다. 천명은 하늘의 명령으

---

1) 瓜(과) : 오이 과.
2) 網(망) : 그물 망. 天網은 天罰의 뜻.
3) 恢(회) : 넓을 회.
4) 疎(소) : 성길 소. 疏(소)와 같은 글자. 성기다는 공간적으로 사이가 뜨거나 관계가 긴밀하지 못함을 말한다.
5) 漏(루) : 샐 루.
6) 天命篇(천명편) : 천명편은 하늘의 명령으로 자연의 법칙에 대해 이야기한다. 하늘이 인간의 선한 행위를 감독·관찰하고 있으므로 그 법칙이 보이지 않는다 하더라도 크게 유의하지 않으면 안 된다는 경계 또는 경고가 들어 있다.

로서 자연의 법칙과도 같다. 콩 심은 데 콩 나고 팥 심은 데 팥 난다는 것은 어떤 행위에 대한 결과가 있다는 것을 말한다. 이것이 자연의 법칙이며 하늘의 명령이다. 결과란 원인 없이 생겨난 성과물이 아니다. 흔히 결과만 보이는 경우가 있지만 그것은 눈에 보이지 않을 뿐이지 필경 원인에서 유래된 것이다.

인과응보因果應報가 이런 맥락에 있는 문구이다. 인과응보는 불교에서 과거 또는 전생의 선악의 인연에 따라서 뒷날 길흉화복吉凶禍福의 갚음을 받게 된다는 것을 말한다. 원인이 선행에 해당된다면 결과는 길하거나 복이 오는 것으로 돌아오고, 악행에 해당된다면 흉하거나 재앙으로 돌아온다는 것으로서, 결과는 반드시 원인에 의해 생겨난다는 것이다. 이것이 하늘의 법칙인 것이다.

여기에서 오해하지 말아야 할 것은 위의 비유처럼 심는다는 행위는 수확을 의미한다는 정도의 가벼운 원인과 결과로 이해해서는 안 된다는 것이다. 심었다는 행위 자체를 중시하여 콩을 심었는데 그 곳에서 팥을 얻기를 기대해서는 안 된다는 것이다. 콩 심은 데에서는 콩만 나는 것이다. 그것이 하늘의 법칙이다. 그 행위에 대한 바로 그 결과인 것이다. 그러므로 하늘의 법칙은 꽤나 엄격하고 제한적인 것이다.

세상에는 비밀이 없다

하늘의 법칙이 있다고 하는데 우리들의 눈에는 보이지 않는다. 그런데 어떻게 하늘은 인간의 행위를 감독·관찰한다는 것일까? 과거의 사람들은 그것을 어떤 방식으로 받아들이고 이해하고 있을까? 다음의 원문을 통해 살펴보자.

玄帝[1]垂訓曰, 人間私語[2], 天聽若雷[3], 暗室欺[4]心, 神目如電[5][6].

『明心寶鑑』天命篇

이 문장은 낮 말은 새가 듣고 밤 말은 쥐가 듣는다는 옛 속담을

1) 玄帝(현제) : 누구인지는 확실하지 않고 도가의 한 사람으로 추측된다.
2) 私語(사어) : 인간세계에서 지극히 은밀하고 사적인 이야기.
3) 雷(뢰) : 천둥 뢰. 천둥은 소리가 매우 큰데, 여기에서는 하늘이 소리를 천둥처럼 크게 듣는다는 뜻.
4) 欺(기) : 속일 기.
5) 電(전) : 번개 전.
6) 如電(여전) : 번개처럼 매우 빠르고 환하게 관찰한다는 뜻.

떠오르게 한다. 인간이 대수롭지 않게 하는 말도 하늘은 큰소리로 듣고 있고, 육안으로 보이지 않는 공간에서 일어나는 일일지라도 하늘은 번개처럼 환한 빛으로 인간을 꿰뚫어 보고 있다는 내용이다.

우리는 무엇인가를 비밀리에 도모하고 그것이 지켜질 수 있다고 생각하지만, 살다보면 세상엔 비밀이란 없다는 것을 알게 되는 경우가 허다하다. 그 비밀이 지금 이 순간에 밝혀지는 것은 아닐지라도 언젠가는 드러나게 된다는 것이다. 비밀의 누설은 비밀을 도모했던 타인에 의해서 생겨나는 것이 아니라, 하늘이 천둥처럼 듣고 있고 번개처럼 보고 있기 때문에 생겨난 결과이다.

이 문장에는 인간세계에서 인간이 미처 보지 못하는 세계를 누군가가 지켜보고 있다고 생각하는 사람들의 사유가 담겨 있다. 인간이 행동함에 있어 누군가 지켜보고 있다고 생각하면 행동에 제약이 따르게 된다. 보이지 않고 들리지 않는 곳까지 누군가 지켜보고 있다고 생각함으로써 과거의 사람들은 자신의 행동을 규제하려 했던 것이다. 그래서 어른들이 흔히 남모르게 하는 행동에 대해 '하늘 무서운 줄을 알아야 한다'고 말하는 것이 이러한 생각에서 기인한 것이 아닌가 한다.

세상에 순응하며 살자

청소년기의 꿈과 희망은 원대하게 가져도 좋다. 그 꿈이 있는 한 우리는 그것을 이루기 위해 열심히 살 테니까. 그러나 나의 꿈이 세상과 이 사회에서 받아들이기 힘든 것이라면 다시 한번 생각해 보자. 젊기 때문에 기존의 고정관념을 깨뜨리고 진보적인 생각을 갖고 나의 꿈을 향해 매진하는 것도 중요하지만 자연의 섭리를 무시할 수 없듯이 자기가 속한 세상의 흐름도 무시할 수 없는 것이다. 나만을 위해 밀고 나간다면 나로 인해서 누군가는 상처를 받을 것이다.

梓[1]潼[2]帝君垂訓曰, 妙[3]藥難醫[4]冤[5]債[6]病, 橫財不富命窮[7]人, 生事事生君莫怨, 害人人害汝休[8]嗔, 天

1) 梓(재) : 가래나무 재.
2) 潼(동) : 물이름 동.
3) 妙(묘) : 묘할 묘.
4) 醫(의) : 의원 의, 고칠 의.
5) 冤(원) : 원통할 원. 寃과 같은 글자.
6) 債(채) : 빚 채.
7) 窮(궁) : 궁핍할 궁.
8) 休(휴) : 말 휴.

地自然皆有報, 遠在兒孫近在身.

『明心寶鑑』省心篇

花落花開開又落, 錦[9]衣布[10]衣更[11]換[12]着[13], 豪家未必常富貴, 貧家未必長寂[14]寞[15], 扶[16]人未必上靑霄[17], 推人未必塡[18]溝[19]壑[20], 勸君凡事莫怨天, 天意於人無厚薄[21].

『明心寶鑑』省心篇

짧은 시간에 이루려 무리하지 말고, 춥고 힘든 겨울이 지나야만 봄이 오듯이, 나의 꿈을 세상과 접목시키면서 세상 속에서 이루려고 노력해야 한다. 그렇게 될 때 나의 꿈은 곧 세상의 꿈이 되어 세상에서 빛을 발할 수 있는 것이다. 세상에 순응하면서 긍정적인 사고를 갖고 노력한다면 삶은 반드시 내게 보답을 준다.

---

9) 錦(금) : 비단 금.
10) 布(포) : 베 포.
11) 更(경) : 번갈아 경.
12) 換(환) : 바꿀 환.
13) 着(착) : 입을 착.
14) 寂(적) : 고요할 적.
15) 寞(막) : 고요할 막.
16) 扶(부) : 붙들 부.
17) 霄(소) : 하늘 소.
18) 塡(전) : 메울 전.
19) 溝(구) : 도랑 구.
20) 壑(학) : 구렁 학.
21) 薄(박) : 엷을 박.

둘째 마당

미래에 대한 예측

미래未來를 점占치려면

우리는 미래를 알고 싶어한다. 미래를 어떻게 알 수 있을까? 『주역』은 어떤 원리로 미래를 말하는가? 『주역』 설괘전說卦傳에 다음과 같은 말이 있다.

> 昔者[1]聖人之作易也, 將[2]以順[3]性命之理. 是以立天之道曰陰與陽, 立地之道曰柔與剛, 立人之道曰仁與義. 兼三才而兩之, 故易六畫而成卦, 分陰分陽, 迭[4]用柔剛, 故易六位而成章.
>
> 『周易』 說卦傳

우리는 흔히 점占을 친다고 하면 『주역周易』을 떠올린다. 그런데 막상 『주역』을 읽어 보면 점에 관한 언급은 별로 없다. 그 대신 "성명性

---

1) 昔者(석자) : 옛적에, 옛날에.
2) 將(장) : 장차.
3) 順(순) : 따를 순. 거스르지 않다.
4) 迭(질) : 갈마들 질.

命의 이치理致를 따른다"는 말을 곳곳에서 만날 수 있다. 그럼 성명의 이치를 따르면 미래를 알 수 있다는 말인가? 『주역』에는 성명의 이치를 따를 수 있는 장치를 마련해 놓았겠지?

위에는 하늘이 있고, 아래에는 땅이 있고, 그 사이에 사람이 있다. 내가 이 세상에 존재하는 구도構圖라고 할 것이다. 이것을 삼재三才라고 한다. 그런데 이 세상에는 나만 있는 것이 아니라 타자他者도 있다. 이 타자 역시 삼재로 존재한다. 나에게 일어나는 일들이란 결국 나와 타자와의 관계 양상들이다. 그러기에 하나의 괘卦는 이 삼재와 그리고 삼재 각각 속에 존재하는 대립된 두 가지 요소를 나타내어 육획六畫으로 이루어져 있는 것이다.

안전安全한 곳은 어디인가?

우리는 안전安全한 곳을 원한다. 확실確實하고 확고부동確固不動한 것을 소망한다. 그러나 그러한 소망과는 달리 가장 믿었던 구석에서 탈이 난다. 믿는 도끼에 발등 찍힌다고. 『주역周易』 계사전繫辭傳에 다음과 같은 말이 있다.

子曰, 危[1]者, 安其位者也, 亡者, 保[2]其存者也, 亂[3]者, 有其治者也. 是故君子安而不忘危, 存而不忘亡, 治而不忘亂. 是以身安而國家可保也. 易曰, 其亡其亡, 繫[4]于苞桑[5].

『周易』 繫辭傳

1) 危(위) : 위태(危殆)로울 위.
2) 保(보) : 지킬 보, 보전(保全)할 보.
3) 亂(란) : 어지러울 란.
4) 繫(계) : 맬 계.
5) 苞桑(포상) : 苞는 밑둥 포, 다북스러울 포. 桑은 뽕나무 상. '苞桑'이란 다북스럽게 무더기로 난 뽕나무. 여간해서 뽑히지 않는 것을 가리킨다.

안전함의 반대편에는 위태로움이 있고, 남아 있음의 반대편에는 망함이 있고, 나라가 잘 다스려지는 반대편에는 어지러워짐이 있다. 그런데 안전함은 위태로움을 잊지 않는 데에서 나오고, 남아 있음은 망함을 잊지 않는 데에서 나오며, 영원히 나라가 잘 다스려짐은 어지러워짐을 잊지 않는 데에서 나온다. 그러니 위태로울 때가 가장 안전하다. 무슨 이치인가?

나의 미래가 궁금하다면?

'말이 씨가 된다'는 말이 있다. 말에 정령이 있다고 믿기도 한다. 말한 내용이 후에 그대로 이루어지게 되는 경우가 있기 때문이다. 말이라는 것이 그런 힘을 지니고 있다고 생각하는 것이다. 그래서 떠오르는 생각이라 하여 함부로 내뱉지 않도록 선조들은 당부한다. 특히 시詩나 노래 가운데에는 그 내용이 미래에 그대로 이루어진 예들이 많이 전해지고 있다. 어떻게 이런 일이 가능할까?

金正弘度重遠, 進士及第皆魁[1], 嘗監軍御史于嶺南. 在書堂時, 對策甚好, 三娶有二子. 其友姜執義克誠 鄭府使磌等, 以重遠淸粹[2], 似當易死, 乃作挽詩戱之曰,

青年蓮桂壯元郎,
出入薇垣與玉堂.

1) 魁(괴) : 으뜸, 우두머리, 수령, 크다, 큰 것.
2) 粹(수) : 순수하다, 정하다.

南嶺監軍知姓字,
東湖對策擅[3]文章.
一人三室遺雙果,
四塚[4]千秋共一床.
綠髮世間悲故舊,
白頭堂上泣親孀[5].

未久, 重遠謫死, 官止於是, 慈氏尙在, 豈非詩之讖[6]也, 而朋友之戱, 不亦過歟.

『淸江先生詩話』

시는 느껴지는 바를 적는다. 자신의 본성에서 우러나오는 바를 그대로 옮긴다. 그래서 때론 미처 의식하고 있지 못한 자신의 또 다른 모습이 드러나기도 하고, 논리적인 해석을 통해서 얻는 것보다 더 정확한 것을 짚어내기도 한다. 운명을 알아채지는 못했지만 느끼고 있는 것이다.

朴雙閒守良, 江陵人. 以龍宮[7]縣監, 退隱于鄕. 金沖庵, 自楓嶽往訪, 以躑躅[8]杖, 並詩贈之曰,

---

3) 擅(천) : 멋대로, 마음대로, 하고 싶은 대로 하다, 차지하다.
4) 塚(총) : 무덤, 산꼭대기.
5) 孀(상) : 과부.
6) 讖(참) : 참서(讖書), 비결, 미래기(未來記), 조짐, 뉘우치다.
7) 龍宮(용궁) : 지금의 예천군 용궁면.

萬玉層[9]巖裏,
九秋霜雪枝.
持來贈君子,
歲晩是心知.

公和贈曰,

似嫌[10]直先伐,
故爲曲其枝.
直性猶存內,
那能免斧[11]斤.

蓋戒其避禍. 而沖庵竟亦不免, 惜也.

『芝峯類說』

우리가 알아차리지 못하고만 있을 뿐, 어쩌면 우리 스스로가 이미 우리의 미래를 느끼고 있는지도 모른다. 시가 우리의 미래를 예견하고 이끌었다기보다는 시를 통해 우리가 느끼는 운명과 미래를 얘기하고 있는 것이다. 의식의 허울을 벗고 자신의 내면에 귀 기울여 보자.

---

8) 躑躅(척촉) : 머뭇거려 나가지 아니함, 제자리걸음을 함, 배회함, 철쭉, 철쭉나무.
9) 層(층) : 층을 이루다, 쌓다, 포개다.
10) 嫌(혐) : 혐의하다, 싫어하다.
11) 斧(부) : 도끼, 베다.

낮은 목소리의 여성들 : 운명을 탓하는 목소리

과거 신분제 사회에서 '노비'로서 살아가기란 참으로 고달픈 삶이었다. 자신의 운명을 탓할 밖에는 어찌 해볼 도리가 없었다. 당시를 살아가던 여성들의 고단한 삶은 어떠했을까? 그들의 삶을 대변하고자 하는 노력이 있었으나 그들의 절실함을 어찌 진실되게 그려낼 수 있었으랴. 다만 바라보며 동정했을 뿐이겠지. 그들의 삶을 들여다보자.

新繭如黃金 / 不愁露肌膚 / 採桑走朝夕 / 艱哉小女奴 /
懸知霜雪中 / 爾獨無袴襦 / 當朝赫赫者 / 車馬溢通衢 /
國恩豈不厚 / 密室敷氍毹 / 加之以重裘 / 乘醉仍歌呼 /
輕羅剪春服 / 肯復流汗珠 / 人生有定分 / 敢怨充官租[1)]

『牧隱藁』詩藁卷十六, 三十二, <蠶婦詞> 前篇

---

1) "새 누에고치 황금과 같아 / 살갗 드러나는 것 근심하지 않네 / 뽕잎 따러 조석으로 바삐 달리니 / 괴롭구나, 이 어린 계집종이여 / 분명히 알았노라 눈서리 치는 날 / 너만이 추운 날 속바지 없는 것을 / 조정의 위세 있는 당당한 자들 / 수레와 말 큰길에 가득하구나 / 나라 은혜 어찌 두텁지 않은가 / 밀실에는 담요를 펼쳐 놓았네 / 거기다가 두꺼운 갖옷 껴입고 / 술에 취해 크게 노래 부르네 / 가벼운 비단으로 봄옷을 지어내자니 / 즐겁게 거듭 구슬 같은 땀방울을 흘리네 / 인생에는 정해진 분수가 있으니 / 어찌 감히 나라의

이 작품은 관찰자의 시선으로 어린 계집종을 바라보고 있다. 속옷도 제대로 걸치지 못해 살갗을 드러내며 뽕잎을 따기 위해 아침 저녁으로 분주하게 오가는 여종을 바라보고 있다. 그와 대비되게 나라의 위정자들은 두꺼운 담요를 펼쳐 놓고, 가죽옷을 껴입고는 술에 취해 노래를 부른다. 이처럼 대비되는 현실을 목도하면서 천한 신분으로 태어난 운명의 탓으로 돌리는 당대 사대부들의 의식이 드러난다.

①

開窓屋瓦白　창을 열고 보니 지붕 위의 기와가 하얀지라
忽驚霜已落　문득 서리가 이미 내렸음에 놀랐다네
坐念兒孫寒　앉아서 자식 손자들의 추위를 생각하는데
吾衣猶裂拆　내 옷이 오히려 찢어지고 터졌구나
小婢跪吐語　어린 계집종이 쪼그려 앉아 내뱉는 말

②

霜落已數夕　"서리 내린 지가 이미 며칠 밤이 지났건만
心懷不敢言　마음에 품고서 감히 말하지도 못하는구나
忍凍匪懸隔　머지않은 추위를 참고 있어도
不蒙宅主恩　집 주인의 은혜를 입지 못하니
性命誰見惜　내 성품과 운명을 뉘라서 안타까이 보겠는가
敲氷晨汲泉　새벽에는 얼음 깨고 샘물을 기니

조세 충당을 원망하겠는가."

我脚或時赤　내 다리가 간혹 때때로 붉어지누나
支體僅免露　몸뚱어리만 겨우 이슬을 면하고 있으니
我心誠惻惻　내 마음 진실로 슬프고 슬프도다"

③

聞之益傷悲　그 말을 듣자니 더욱 상심되고 슬퍼지네
我實無蓄積　내 실은 모아 둔 재산이 없구나
蓄積不煖汝　내 가진 재산으로는 너를 따뜻하게 할 수 없으니
何心食汝力　무슨 마음으로 너의 노력함에 밥을 먹겠는가.

『牧隱藁』詩藁卷二十五, 二十三, <晨興開窓見屋上霜>

이 작품은 독특한 방식을 취하고 있다. 한 작품 안에 작가인 사대부 자신의 목소리와 계집종의 목소리가 함께 드러나고 있다. ①에서 눈 내린 창 밖 풍경을 보며 자식들을 생각하고 있는데, ② 그런 사실도 모르고 창 밑에선 계집종이 쭈그려 앉아서는 처량한 신세한탄을 늘어놓는다. ③ 그 서러운 사정을 듣고 나니, 주인으로서 미안하고 착잡한 마음을 숨김없이 드러내는 사대부의 목소리가 안타깝다.

운명을 받아들여야 하는 이유

우리는 운명運命이라는 단어로 상황을 설명하는 경우가 종종 있다. 혹자는 운명을 극복할 수 없는 것으로 말하기도 하고, 혹자는 운명을 극복할 수 있는 것으로 말하기도 한다. 극복할 수 있는 것이든 그렇지 않든지 간에 운명이 인간에게 강력한 힘을 행사하는 그 무엇으로 인식되고 있음은 틀림없다.

그렇다면 운명이란 무엇인가? 정말 운명은 극복할 수 있는 것인가? 아니면 받아들여야만 하는 것일까? 다음의 예문을 통해 살펴보기로 하자.

時來風送滕[1]王閣[2], 運[3]退雷[4]轟[5][6]薦[7]福碑[8].

『明心寶鑑』 順命篇[9]

1) 滕(등) : 나라이름 등.
2) 閣(각) : 집 각.
3) 運(운) : 돌 운, 운수 운.
4) 雷(뢰) : 천둥 뢰.
5) 轟(굉) : 천둥소리 굉, 울릴 굉.
6) 雷轟(뇌굉) : 천둥소리가 남, 벼락이 침.
7) 薦(천) : 천거할 천.
8) 碑(비) : 돌기둥 비.

이 구절은 옛 고사와 관련이 있다. 등왕강은 중국 강서성 신건현 양자강에 있는 누각의 이름으로 각종 연회가 이루어지던 곳이다. 왕발이란 사람이 신령의 현몽으로 순풍을 타고 하룻밤 사이에 남창 7백리를 가서 등왕각 연회에 참석할 수 있었고, 그 자리에서 등왕각 서문을 지음으로써 문명文名을 천하에 드날리게 된다. 그래서 앞 구절은 일이 되려고 하니 바람결에 등왕각에 가서 문명을 떨치는 행운을 잡았다는 의미이다.

천복비는 강서성 천복사라는 절에 있던 비석이다. 이 비석은 이북해라는 사람이 짓고, 구양순이 글씨를 썼다. 당시에 구양순의 글씨가 크게 존중받았기에 탁본 하나 값이 천금에 이르렀다. 이 때 어떤 가난한 서생이 찾아와서 먹고살 길이 없다고 신세타령을 하자 범중엄이라는 당시의 지방 관리가 그에게 천복사 비문 탁본 1천 벌을 떠서 서울에 내다 팔아보라고 밑천을 대주었다. 그래서 종이와 먹을 다 마련하였는데 그 날 밤 벼락이 쳐서 그 비석을 깨뜨려 좋은 기회를 놓치고 말았다고 한다. 그래서 재수가 없다 보니 느닷없는 벼락이 천복비를 때렸다는 의미로 사용되었다.

아마 사람들은 이 상황을 우연적인 것으로 생각할지도 모른다. 과연 그럴까? 운명의 사전적 의미를 보면, 인간을 지배하는 초월적인 힘이나 또는 그 힘으로 말미암아 생겨나는 길흉화복吉凶禍福이라 정의된다. 이것을 한자 자체로 풀어보면 명(하늘의 명)이 오는 것이다. 결과가 오는 것이다. 하늘의 법칙을 수행했느냐 그렇지 않느냐의 처벌의 순간

9) 順命篇(순명편) : 순명편은 하늘이 인간에게 부여한 명을 따를 것을 말하고 있다. 계선편이나 천명편처럼 선에 대한 의지 즉 자연의 섭리를 계승하고 의식하면서 살 것을 권고한다는 점에서 같은 맥락에 있다.

이 온 것이다.

왕발이 모든 일이 순조롭게 이루어져 문명을 날리게 되는 순간과 가난한 서생이 천복비가 깨져 탁본을 뜰 수 없어 망하게 된 순간은 이제껏 이들이 수행해 왔던 원인에 대한 결과가 도래한 순간인 것이다. 이들이 단순히 운이 좋거나 혹은 운이 나빠서 발생한 일이 아니라는 것이다. 보이지는 않지만 왕발은 문명을 얻기 위해 끊임없는 노력을 했고 그 결과 이러한 운명을 얻을 수 있었을 것이다. 그래야 하늘의 법칙이 현실화되는 운명을 이러한 결과로 맺게 되었다고 말할 수 있는 것이다.

운명이 오는 순간은 인간이 보기에 우연적인 상황인 것처럼 이해된다. 원인이 보이지 않기 때문이다. 그러나 자연의 법칙이나 하늘의 법칙은 원인 없는 결과가 도래하는 법칙이 아니다. 자신이 한 일에 대한 결과가 이루어지는 때가 바로 운명의 그 순간인 것이다. 그렇기에 인간의 의지로 그 순간을 벗어나기란 쉽지 않다. 아니, 벗어나려 하기보다 당연히 받아들여야만 한다. 자신의 행동에 대한 책임을 져야 하기 때문이다. 그래야 이 사회가 제대로 운영될 수 있다.

운명이 길한 것이든 흉한 것이든 이 모든 것은 자신의 행동에서 비롯된 것이다. 자신의 의지와 행동에 상관없이 이루어진 것이 아니다. 자신이 쌓아 온 것에 대한 결과물인 셈이다. 이런 점에서 인간은 운명을 받아들여야만 한다.

뒤돌아보지 않겠다면

우리들에게 모든 것이 허락된 것은 아니다. 사회적으로나 문화적으로 하지 않아야 할 일, 해서는 안 될 일의 선이 그어져 있기 때문이다. 그럼에도 불구하고 넘어서면 안 되는 선을 넘어가고 싶고, 해서는 안 되는 일을 하고 싶어하는 것은 인간의 본능이기도 하다. 때로는 극단으로 치달은 인생에서 누구도 거부할 수 없는 열정을 발견하기도 한다. 이런 부류의 사람들은 뒤돌아보지 않고 달려만 간다.

載驅薄薄, 簟茀朱鞹. 魯道有蕩, 齊子發夕[1].

四驪濟濟, 垂轡瀰瀰. 魯道有蕩, 齊子豈弟[2].

汶水[3]湯湯, 行人彭彭[4]. 魯道有蕩, 齊子翱翔.

---

1) 주자(朱子)는 석(夕)이 숙(宿)과 같다고 한 바 있다. 제자(齊子)는 제(齊)나라 공주였다가 노(魯)나라 환공(桓公)에게 시집온 문강(文姜)을 말한다. 문강은 결혼 전부터 자신의 오빠인 제나라 양공(襄公)과 불륜관계였는데, 노나라로 시집온 뒤에도 그를 못 잊어서 수레를 달려서 만나러 다녔다고 한다.

2) 豈弟(개제) : 화락하고 화락한다는 뜻이다.

3) 汶水(문수) : 제나라 남쪽과 노나라 북쪽에 걸쳐 있는 강이다.

汶水滔滔, 行人儦儦. 魯道有蕩, 齊子遊敖.

『詩經』 齊風 <載驅>[5]

『시경』 <재구>는 배경고사로 읽으면 문제작이다. 왜냐하면, 문강이 그의 오빠인 양공과 근친상간을 저지르는 모습을 시화한 것이 되기 때문이다. 그러나 근친상간의 허울을 걷어 버리고 읽으면, 어떤 장애나 시선에 굴하지 않고 자신이 뜻한 바를 향해서 달려가는 열정을 발견할 수 있다. 계속 달리기를 선택하였다면 더 이상 뒤돌아볼 필요가 없다.

---

4) 彭彭(방방) : 많고 많다는 뜻이다. 지나가는 사람들이 많은 데에도 수레를 달려가니 그 부끄러움이 없음을 나타낸 것이다.

5) 제풍(齊風) <재구(載驅)>는 노나라 환공(桓公)에게 시집갔던 제(齊)나라 공주 문강(文姜)과 그의 오빠인 제나라 양공(襄公) 간의 간통과 그로 인한 살인사건을 배경으로 지닌 작품이다. 환공은 자신의 아내가 문란한 줄을 알지 못하고 제나라에 동행을 했었고, 그로 인해서 죽음을 부르게 되었던 것이다. 『춘추좌씨전』에는 이 세 사람의 일들을 다음과 같이 기록하고 있다.

노(魯)나라 환공(桓公) 18년 봄에 공이 출타하려는 계제에 강씨(문강을 말함)와 같이 제나라로 가려 했다. 그러자 신수가 말하기를, "여자는 남편 집을 지키고 있고 남편은 부인의 방에 편안히 거처하고 있는 것이 서로를 욕되게 하지 않음이 될 수 있다 합니다. 이러한 것은 예법을 지키는 것입니다. 이걸 어기면 반드시 화가 있습니다"라고 하였다. 공은 제후(양공을 말한다)를 낙수가에서 만나고 그리고 부인 문강과 같이 제나라로 갔다. 제후가 부인 문강과 몰래 간통을 함에 공이 그 일로 꾸짖으니, (부인이) 제후에게 고하였다. 여름철 4월 병자일에 공에게 잔치를 베풀어 대접하고는 제나라 공자 팽생(彭生)으로 하여금 공을 수레에 태우게 했다. 공은 수레 안에서 돌아가셨다. 노나라 사람이 제나라 편에게 다음과 같이 말하였다. "우리 군주는 제나라 군주의 위력을 두려워하시어 감히 편안한 날을 보내지 못했다가 귀국(貴國)으로 와서 구래(舊來)의 우호를 닦으셨오. 방문의 예를 다 닦고 났는데도 본국으로 돌아가시지 못하게 되었으니 이렇게 된 그 허물을 돌릴 바 없고 또 제후들에게 대한 입장이 좋지 못하오. 그러니 팽생을 없애주기를 바라오" 하니 제나라 사람은 팽생을 죽였다.

포기하지 않으려면

청소년이여 야망을 가져라! 어린 시절 힘겨울 때 기억났던 격언이다. 이 말에서 우리들은 쉽게 포기해서는 안 된다는 뜻을 찾게 된다. 어떻게 하면 다시 일어설 수 있을 것인가.

煙[1]蓋歸來小有天, 紫芝[2]初長水邊田.

瓊筐採得英英實, 遣却紅綃制鶴鞭.

<遊仙詞> 四十

위에 인용된 것은 허난설헌의 연작시 <유선사> 중 40번째 작품이다. <유선사>는 신선세계를 노니는 상황을 그린 작품이다. 이러한 부류의 작품들은 대체로 화려하면서도 환상적인 분위기를 지닌다. 그런데 이토록 아름다운 시를 지었던 허난설헌의 실제의 삶은 고단하기 짝이 없었다. 남편 김성립은 집안의 가산을 축내면서 기생들만을 쫓아다니

1) 煙(연) : 연기 연. 먼지 · 구름 · 안개 등이 자욱이 끼어 오르는 기운을 가리킨다.
2) 紫芝(자지) : 보랏빛의 영지풀을 말함.

고, 시집 식구들은 병약한데다 아들보다 시재에 능한 며느리를 곱게 보지 않았다. 그리고 남편과의 사이에서 낳은 두 아이들은 차례대로 요절해서 난설헌의 가슴에 피멍을 남겼다. 이처럼 난설헌의 삶은 험난하기 짝이 없었던 것이다. 그러나 <유선사>에는 차가운 현실이 아니라 따뜻한 꿈의 세계가 펼쳐진다. 허난설헌은 슬픔에 빠져 있기보다는 새로운 세계를 선택한 것이다.

셋째 마당

착한 사람, 좋은 세상

더불어 착해지는 세상

인간은 더불어 살아가는 존재이다. 그런데 천태만상의 군상들은 모두가 다 한마음으로 살아가는 것은 아니다. 각양각색의 성품과 욕망을 가지고 살아가는 존재들이므로 그 가운데 갈등이 있고 불협화음이 생겨난다. 사람의 천성이 착하든 악하든 간에 세상은 더불어서 살아가야 하므로 조화를 꾀하고자 하는 노력이 요구된다. 공자는 더불어 살아가는 세상에서 그 조화의 덕목으로 서로에게 착함을 권하는 자세를 말하였다. 공자의 어록을 통해서 세상이 더불어 착해지는 방안을 찾아보자.

子曰, 學而時習之, 不亦說[1]乎. 有朋自遠方來[2], 不亦樂乎. 人不知而不慍[3], 不亦君子乎.

『論語』學而篇

1) 說(열) : 기쁘다.
2) 有朋自遠方來(유붕자원방래) : '벗이 있어 먼 지방으로부터 찾아오면' 또는 '벗이 먼 곳으로부터 찾아옴이 있으면' 두 가지로 해석 가능함. 자(自)는 ~로부터, 방(方)은 지방, 방향을 뜻하고 있음. '바야흐로 지금'이란 뜻으로 쓰일 때도 있음.
3) 慍(온) : 성내다, 원망하다.

위 구절은『논어論語』의 첫 구절이다. 공자는 사람이 살아가는 데 가장 중요한 것이 배우는 것이라고 설파한다. 무지몽매한 인간이므로 스승을 좇아 배우고 익혀서 그 배움을 체화하는 것을 서두로 삼았다. 그리고 중요한 것이 친구라는 존재이다. 배우고 체화하는 것이 혼자서 도달할 덕목이라면 벗과 더불어 사귀는 것 또한 간과할 수 없는 인생의 맛이라고 본 것이다. 그리고 세 번째로 사회적인 존재로서 의미를 들었다. 배움을 통한 자기완성, 더 미루어 사적인 교우관계, 더 미루어 공식적인 사회적 존재로서 자리매김하는 과정으로도 볼 수 있으리라.

그렇다면 착한 사회가 되는 데 있어 학문이란 것이 최고의 요건일까? 그렇다면 누구나 더불지 않고 공부만 하면 되지 않겠는가? 그 해답을 아래서 찾아보자.

> 子曰, 弟子入則孝, 出則弟[4], 謹而信, 汎[5]愛衆而親仁, 行有餘力, 則以學文.
>
> 『論語』學而篇

제자는 배우는 사람, 아직 어린 사람을 말한다. 그 제자가 할 몫을 말하는데, 첫 장에서 말한 학문의 기쁨이 최고의 요건이 되지 못하는 것을 알 수 있다. 집에서는 효도하고 나아가서는 공손하게 행하며 남들에게 삼가고 미쁘게 하고, 사랑하고 어짊을 행한 후에, 그리고 여분의 힘이 있거든 글을 배우라는 것이다. 여기서 보건대 공자께서

---

4) 弟(제) : 아우, 어린 사람. 여기서는 悌(공손할 제)와 통용.
5) 汎(범) : 넓다.

말한 학學(배움)은 지식을 습득하고, 알아가는 것에 주목한 것은 아닌 듯하다. 즉 사람이 더불어 살아가면서 지킬 덕목을 배우는 것을 최우선으로 하고 그 후가 지식 습득이라고 강조한 것이다.

더불어 살아가는 세상에는 다스림이 따르게 되는데, 흔히 정치라고 하는 것에서 주안점을 둘 것이 무엇인지 살펴보자.

> 子曰, 道[6]之以政[7], 齊[8]之以刑, 民免[9]而無恥[10]. 道之以德, 齊之以禮, 有恥且格[11].
>
> 『論語』爲政篇

정해진 규범으로 백성을 이끌고 형벌로 백성을 대하는 것과, 덕으로써 이끌고 예의로써 백성을 대하는 차이를 말한다. 사람은 세상을 살아가면서 강제성을 띤 법, 규범, 형벌 때문에 욕망을 억제하는 경우가 많다. 이 경우는 그 법망을 피해만 가면 마음껏 불의를 저지를 수 있다. 그에 비해 남들의 이목을 염두에 두고 남을 배려하도록 다스리면 종내엔 법이 없어도 사회는 교화될 것이다.

자신이 살아가면서 가장 가치 있게 여기는 것은 사람마다 다르다. 대체로 부와 권력, 욕망에 비중을 두는 것이 예사 사람의 모습이다.

---

6) 道(도) : 길. 여기서는 導(이끌 도)와 통용.
7) 政(정) : 정사, 법령.
8) 齊(제) : 가지런히 하다, 고르게 하다.
9) 免(면) : 면하다.
10) 恥(치) : 부끄러워하다.
11) 格(격) : 이르다(至), 바르게 되다(正), 기질적으로 바르게 변화함.

이러한 시속의 가치에 연연하지 않은 사람에 대한 평이 있다.

子曰, 賢哉12)回13)也. 一簞食14), 一瓢15)飮, 在陋巷16), 人不堪17)其憂. 回也不改其樂, 賢哉回也.

『論語』 雍也篇

공자가 애제자 안회의 생활을 보고 칭찬한 구절이다. 부유함과 여유로움을 구하지 않고 비록 가난하고 누추하지만 안분지족安分知足하는 제자에게 어질다고 극찬하고 있다. 세속의 가치에서 초연한 인간이어야 비로소 남을 배려할 수도 있을 것이며 더불어 착해지자고 권유할 수도 있을 것이다. 그런 사람이 곧 참 스승이고 군자가 아니겠는가.

景行錄曰, 恩義廣施. 人生何處不相逢, 讐怨莫結, 路逢狹處難回避.

『明心寶鑑』 繼善篇

흔히 세상이 좁다는 말을 한다. 또한 원수는 외나무다리에서 만난다고도 한다. 세상이 좁기에 원수는 언제든 만날 수밖에 없으며 피할

12) 哉(재) : 어조사, 감탄의 종결사.
13) 回(회) : 공자(孔子)의 애제자인 안회(顔回). 자(字)는 자연(子淵). 촉망받는 제자였으나 서른 둘에 사망함.
14) 一簞食(일단사) : 한 대나무 도시락의 밥. 簞(대광주리 단), 食(밥 사, 먹을 식).
15) 瓢(표) : 표주박.
16) 陋巷(누항) : 좁고 지저분한 거리. 陋(좁을 루, 추할 루), 巷(거리 항).
17) 堪(감) : 견디다.

수도 없는 것이다. 역으로 은혜를 많이 베풀면 언젠간 반드시 보답을 받기 마련이다. 보상을 바라고 선을 베푸는 것은 아니지만 인간사의 이치란 인과응보의 논리에 따라 선업을 쌓느냐 악업을 축적하느냐에 따라 그 결과가 달라지는 것이다. 은혜를 베푼 사람은 베풀었다는 기억도 못하고 있는데, 그 은혜를 받은 사람은 평생을 두고 고맙게 여기고 경우에 따라서는 살아가는 지침이 되기도 하는 것이다. 은혜는 베풀되, 원수는 만들지 않는 것이 세상을 잘 살아가는 방법이 됨을 인지하고 마땅히 실천에 옮겨야 할 것이다.

나면서부터 착한 존재 : 인仁, 의義, 예禮, 지智

곤궁에 처한 사람을 보면 도와주고 싶고, 죽어가는 사람을 보면 슬퍼지는 것은 인지상정人之常情인가? 아니면 남들의 눈을 의식하여 또는 종교에서 말하는 내세의 행복을 위해서 행하는 의도된 행동일까? 그 해답에 다음 글로 접근해 보자.

孟子曰, 人皆有不忍人之心[1], 先王有不忍人之心, 斯有不忍人之政矣. 以不忍人之心, 行不忍人之政, 治天下, 可運之掌上.

所謂以人皆有不忍人之心者, 今人乍[2]見孺子[3]將入於井, 皆有怵惕[4]惻隱之心[5], 非所以[6]內交[7]於孺子之

1) 不忍人之心(불인인지심) : 남에게 (양심상) 차마 하지 못하는 마음.
2) 乍(사) : 잠깐, 갑자기.
3) 孺子(유자) : 젖먹이 어린 아이. 孺(어릴 유).
4) 怵惕(출척) : 깜짝 놀라고 두려워하는 모양. 怵(두려워할 출, 가엾게 여길 출), 惕(두려워할 척, 근심할 척).
5) 惻隱之心(측은지심) : 가엾이 여기고 슬퍼하는 마음. 惻(슬퍼할 측), 隱(숨을 은, 가엾게 여길 은).
6) 所以(소이) : 까닭, ~함으로써의 바.

父母也, 非所以要[8]譽於鄕黨[9]朋友也, 非惡其聲[10]而然也.

由是[11]觀之, 無惻隱之心, 非人也, 無羞[12]惡之心, 非人也, 無辭讓之心, 非人也, 無是[13]非之心, 非人也.

惻隱之心, 仁之端[14]也, 羞惡之心, 義之端也, 辭讓之心, 禮之端也, 是非之心, 知[15]之端也. 人之有是四端也, 猶其有四體也, 有是四端而自謂不能者, 自賊[16]者也, 謂其君不能者, 賊其君者也.

凡[17]有四端於我者, 知皆擴[18]而充之矣, 若火之始然[19], 泉之始達[20]. 苟能充之, 足以保四海, 苟不充之, 不足以事父母.

『孟子』 公孫丑章句 上

---

7) 內交(납교) : 사귐을 들이다. 교분을 맺다. 內(들일 납. 納과 통용).
8) 要(요) : 구하다.
9) 鄕黨(향당) : 시골 마을, 촌리(村里). 鄕(시골 향), 黨(마을, 무리 당).
10) 惡其聲(오기성) : (아이를 구하지 않았다는 비난) 그 소리를 부끄러워하다. 惡(부끄러워할 오, 미워할 오, 모질 악).
11) 是(시) : 이, 이것.
12) 羞(수) : 부끄럽다, 바치다, 음식.
13) 是(시) : 옳다, 바르다.
14) 端(단) : 끝, 실마리, 바르다.
15) 知(지) : 알다, 지혜. 智와 통용.
16) 賊(적) : 해치다, 도적.
17) 凡(범) : 무릇, 모두, 다.
18) 擴(확) : 넓히다. 廣(넓을 광)과 구별.
19) 然(연) : 불타다, 그러하다. 燃(사를 연, 불탈 연).
20) 達(달) : 나오다, 도달하다, 통달하다.

맹자가 인간 본성에 대해 풀이한 글이다. 사람에게는 누구나 '남에게 차마 하지 못하는 마음'이 있다는 것이다. 사람이기 때문에 곤궁에 처한 사람을 보고 차마 그냥 넘어갈 수 없으며, 사람이기 때문에 슬픔에 처한 사람을 차마 돕지 않을 수 없다는 말이다. 사람에게 있어 이런 마음은, 곧 자신의 일이 아닐지라도 슬퍼하고, 부끄러워하고, 양보하고, 분별하는 마음으로 표출된다.

우물에 빠지려는 어린 아이를 구하는 것은 본능적인 것인가, 도망가는 강도를 보고 쫓는 일은 본능적인 일인가, 노인을 보고 자리를 양보하는 것은 본능적인 것인가, 옳은 것을 맞다고 하고 그른 것을 아니라고 하는 것은 본능적인 것인가? 그 해답을 내 마음 속에서 찾아보자.

나아가 옛 사람들의 생각을 더듬어보면 세상일은 어떤 기틀에 의해 돌아간다고 생각했다. 그리고 이 틀을 알면 사람의 마음이 편안해진다고 믿었다. 역시 맹자는 그 틀을 다음과 같이 이야기하고 있다.

孟子見梁惠王, 王曰, 叟21)不遠千里而來, 亦將有以利吾國乎. 孟子對曰, 王何必曰利. 亦有仁義而已矣22).

『孟子』 梁惠王章句 上

양혜왕이 나라를 세우고 어진 사람들을 초청하매 맹자께서 양나라에 가셨다. 양혜왕은 맹자를 반갑게 맞이한 뒤, 자기 나라를 이롭게 함[利]에 대해 물었다. 이 이롭게 함은 부국강병富國强兵 따위를 이름인

21) 叟(수) : 늙은이의 존칭
22) 而已矣(이이의) : ~할 뿐이다.

데 맹자께서는 이利를 구하는 것이 어지러움의 시작이고, 해害가 되기에 인仁과 의義를 말씀하신 것이다. 그렇다고 맹자께서 이롭게 함을 전혀 생각하지 않은 것은 아니다. 인과 의를 따르고 구하면, 이롭게 함은 자연스럽게 뒤따르는 것이다. 바로 이것이 세상일의 돌아가는 기틀인 것이다.

오늘날 한때 '부자 되세요'라는 말이 회자되었다. 아마도 양혜왕이 맹자에게 이롭게 함을 물었던 것과 같은 경우일 것이다. 맹자는 부자를 목표로 삼아서는 안 되며, 사랑의 이치인 인仁과 일의 마땅함인 의義[23]를 목표로 삼아야 한다는 것이다. 그랬을 때 부는 자동적으로 따라오는 것이다. 세상일의 돌아가는 기틀을 알아야 함이 중요한 이유가 여기에 있다.

---

23) 仁者, 心之德, 愛之理. 義者, 心之制, 事之宜也.

예禮란 무엇인가?

도대체 예란 무엇인가? 어떤 것이 합당한 예인가? 오늘날도 우리는 많은 예를 만들어가고 있다. 출생 시부터 이 세상을 떠날 때까지 우리는 예라는 형식에서 벗어날 수 없다. 웃어른을 뵙는 것도 예를 알아야 하고, 결혼식도 하나의 예이고, 초상을 치르는 것도 하나의 예이다. 인간은 타인과 어우러져 살아가는 한 예에서 떠날 수 없는 존재인 셈이다. 그러므로 예가 무엇인지 알아야 오늘날 우리가 행하고 있는 모든 예가 과연 합리적인지, 비합리적인지 내지는 온당한지 하는 점 등을 알 수 있을 것이다.

禮者天地之情, 本於天殽[1]於地, 而禮行於其間. 禮者天地之情, 聖人特於是, 爲之節[2]文[3]焉已.

『與猶堂全書』序 · 敍 <喪禮四箋序>

1) 殽(효) : 섞이다.
2) 節(절) : 절차, 격식.
3) 文(문) : 무늬, 꾸밈.

그렇다. 실상 우리가 복잡하게 생각했던 예는 천지의 정情이다. 그 예는 하늘을 근본으로 삼고 땅을 본받아 그 사이에서 실행되는 것이다. 예란 천지의 정인데, 성인聖人이 다만 그것을 하나의 의식을 통해 훌륭하고 적절하게 꾸몄을 뿐이다. 그것이 바로 예인 것이다.

그렇다면 인仁과 예禮는 어떤 관계에 있는가를 알아보도록 하자.

顏淵問仁, 子曰, 克己復禮[4]爲仁, 一日克己復禮, 天下歸仁焉, 爲仁由己, 而由人乎哉.

『論語』顔淵篇

극克은 이김이며, 기己는 일신의 사욕私慾을 이르는 것이며, 복復은 돌아감이며, 예禮는 하늘의 이치다. 따라서 사욕을 이겨 예에 돌아가면 하는 일마다 모두 하늘의 이치여서 인仁을 하는 것이다. 인仁은 본심本心의 온전한 덕으로 하늘의 이치가 아닌 게 없으나, 인욕人慾에 의해 파괴된다. 하루 동안이라도 극기복례克己復禮하면 천하의 사람들이 모두 그 인仁을 허여한다고 한 것은, 그 효과가 심히 빠르고 지극히 큼을 극언極言한 것이다. 또한 인仁을 하는 것은 남에게 달려 있지 않고 자신에게 달려 있다고 한 것은 자신에게 있어 어려움이 없다는 것이다.

이제 예禮로 돌아가기 위한 구체적인 조목을 알아보자.

顏淵曰, 請問其目. 子曰, 非禮勿[5]視, 非禮勿聽, 非

4) 克己復禮(극기복례) : 자기의 사욕을 이겨 예에 돌아감.

禮勿言, 非禮勿動. 顔淵曰, 回雖不敏, 請事斯語矣.

『論語』顔淵篇

핵심은 물勿이다. 이것은 인심이 주장이 되어 사욕을 이겨 예에 돌아가는 바의 기틀인 것이다. 보고, 듣고, 말하고, 동하는 것은 몸의 쓰임인데 심중心中으로 밖에 응하는 것이니, 밖에서 제재하여 그 안을 편안히 해야 하고 심중心中을 기르는 것이다.

결국 극기복례克己復禮는 몸이 행하는 것들을 제재하여 사욕私慾을 따르지 않고, 인仁을 행하는 것이다.

예가 아니면 몸을 쓰지 않는 것, 이 또한 편안한 마음을 만드는 방법 중의 하나이다.

---

5) 勿(물) : ~하지 말라. 금지하는 말.

안분安分과 계획計劃

안분安分이란

분수에 맞는 삶. 어렸을 때부터 끊임없이 들어왔던 말이다. 그러나 삶은 그리 여유롭지 않다. 내가 멈춰 있을 때면, 다른 이들은 거침없이 내달리고 있으며, 내가 한 걸음 내딛을 때, 다른 이들은 두세 걸음 내딛고 있어 한시라도 쉴 틈이 없다. 그러다 보면, 자기 분수를 헤아릴 시간도 없이 인생을 마감할 것 같기도 하다. 그런데도 많은 이들은 분수에 맞는 삶을 외치고 있으며, 그렇지 못한 사람들도 은연중에 분수에 맞는 삶에 동의하고 있다. 분수에 맞는 삶은 어떤 장점이 있는지 답을 찾아보자.

安分吟[1]曰, 安分身無辱, 知機[2]心自閑[3], 雖居人世上, 却是[4]出人間[5].

『明心寶鑑』安分篇

1) 송나라 때 나온 詩

자기 분수에 편안하면 몸에 치욕이 돌아오지 않고, 세상일의 돌아가는 기틀을 알게 되면 마음이 한가로워진다. 만약 이러한 경지에 이르게 되면 비록 인간 세상에 살더라도 인간 세상을 벗어나서 사는 것이나 마찬가지인 것이다. 짧은 시이지만 많은 내용을 함축하고 있다. 우선, 자기 분수에 편안하면 치욕이 돌아오지 않는 이유를 다음 글에서 알 수 있다.

書經曰, 滿招[6]損, 謙受益.

『明心寶鑑』安分篇

물성즉쇠物盛則衰라는 말이 있으니 곧 무슨 물건이든 극도로 성하면 반드시 쇠하게 마련이다. 그렇기 때문에 옛 사람들 가운데는 몸이 극도로 귀히 되는 것을 꺼려서 벼슬을 사양하는 일이 많았으며, 명예가 너무 나타나는 것을 두려워하여 몸을 근신하는 이가 많았다. 권세나 명예가 극도로 성하면 시기하고 미워하는 자가 생기게 되고 자연스럽게 몸이 위태로워진다. 자기 분수에 맞지 않으면 치욕이 돌아온다는 것은 이것을 이른다 할 수 있다.

---

2) 知機(지기) : 세상일의 돌아가는 기틀을 안다.
3) 心自閑(심자한) : 마음이 스스로 한가롭다.
4) 却是(각시) : 도리어
5) 出人間(출인간) : 인간 세상을 벗어났다는 뜻.
6) 招(초) : 부를 초.

계획計劃이란

사람의 일생은 대부분 기다림이다. 작게는 버스나 지하철을 기다리는 것부터, 크게는 대의를 이루기 위해 기다린다. 이런 기다림 중에서 참다운 기다림은 바로 준비다. 일생을 함께할 짝을 기다리다가 막상 내 앞에 나타났을 때, 준비가 안 되어 있거나, 세상을 다스릴 기회가 왔는데, 준비가 안 되어 있다면 무위로 돌아가고 만다.

그렇게 보면 준비는 삶의 대부분을 차지한다. 초등학교에선 중학교 진학을 준비하고, 중학교에선 고등학교 진학을 준비한다. 그렇다면 준비는 어디에서 시작될까? 다음의 글을 보자.

> 孔子三計[7]圖云, 一生之計[8], 在於幼[9], 一年之計, 在於春, 一日之計, 在於寅[10]. 幼而不學, 老無所知, 春若不耕, 秋無所望, 寅若[11]不起, 日無所辦[12].
>
> 『明心寶鑑』入敎篇

준비의 시작은 계획이다. 공자의 삼계도三計圖에서 일생의 계획은 어릴 때에 있고, 일년의 계획은 봄에 있으며 하루의 계획은 새벽에 있음을 말하고 있다.

---

7) 三計(삼계) : 하루의 계획, 일년의 계획, 일생의 계획을 합쳐서 하는 말.
8) 一生之計(일생지계) : 일생의 계획.
9) 幼(유) : 어린 것, 여기서는 어린 때.
10) 寅(인) : 인시(寅詩), 새벽 4시.
11) 若(약) : 만약.
12) 辦(판) : 일을 처리하는 것.

사람은 기다릴 때 준비하고, 준비할 때 계획함으로써 큰일을 이루어 삶을 보람 있게 할 수 있다. 어렸을 때 배우지 아니하면 평생을 헛되이 보내게 되고, 봄에 계획을 세워 일을 시작하지 않으면 일년을 헛되이 보내게 되며, 새벽에 일어나 활동을 시작하지 않으면 그날 하루는 한 일이 없게 되는 것이다.

공자의 삼계도는 작심삼일을 위한 계획이 아니라, 기다릴 때 준비하고, 기회가 올 때 꿈을 실현하는 삶을 위한 계획을 말하는 것이다. 꿈을 이루어 편안한 삶을 성취하려면 지금 계획하라.

넷째 마당

자기 안의 자기 찾기

큰사람이 되려면

세상에는 갖가지 종류의 사람들이 있지만, 우리는 작은 사람보다는 큰사람이 되고 싶어한다. 왜 그런가? 어떻게 그럴 수 있는가? 『주역周易』 건괘乾卦에 다음과 같은 말이 있다.

> 夫大人者, 與天地合其德, 與日月合其明[1], 與四時合其序[2], 與鬼神合其吉凶. 先天而天不違[3], 後天而奉[4]天時. 天且弗違, 而況[5]於人乎, 況於鬼神乎.
>
> 『周易』 乾卦

크다는 것은 그 밖에 아무 것도 없는 것을 말한다. 그러니 큰 사람이란 모든 것을 포괄包括하는 사람일 수밖에 없다. 모든 것을 포괄할 수 있는 것으로는 천지天地와 일월日月과 사시四時와 귀신鬼神 등이

1) 明(명) : 밝을 명. 여기서는 총명(聰明)을 가리킨다.
2) 序(서) : 차례 서.
3) 違(위) : 어길 위.
4) 奉(봉) : 받들 봉.
5) 況(황) : 하물며 황.

있다. 이들과 닮을 수 있다면 큰 사람이 될 것이다. 무엇을 어떻게 닮는단 말인가? 담을 수 있는 덕德은 천지만큼이면 되고, 보아낼 수 있는 총명聰明은 일월만큼이면 될 것이다. 또 차례를 따름은 사시가 운행運行하듯 하면 되고, 미래의 길흉吉凶에 대해서는 귀신鬼神처럼 대처對處하면 될 것이다. 하늘처럼 하는 것이다. 하늘보다 앞장서 가게 되면 하늘이 내 발자국 그대로 따라오고, 하늘에 뒤미처 가게 되면 내가 하늘 발자국 그대로 따라간다. 하늘도 따라 하는데 하물며 사람이며 귀신에랴! 가능할까? 가능하다!

술에서 얻는 것과 잃는 것

술은 정신을 흐리게 하는가, 맑게 하는가? 술은 이성을 마비시켜 정신을 흐리게 하는 것 같기도 하고, 나의 본마음에 가까이 가게 하여 오히려 정신을 맑게 하는 것 같기도 하다. 그렇다면 술은 어떻게 마셔야 할까?

史記曰, 郊天禮廟, 非酒不享. 君臣朋友, 非酒不義. 鬪爭相和, 非酒不勸, 故酒有成敗而不可泛[1]飮之.

『明心寶鑑』 省心篇

술은 말을 많이 하게 만들고 그래서 실수를 많이 하도록 만든다. 뿐만 아니라 술 때문에 몸이 상하게도 되고, 취하면 오히려 인간관계나 일을 그르치게 하기도 한다. 그래도 우리는 여전히 몇 사람만 모이면 술 한잔을 생각하고, 기분이 좋아도 나빠도 술을 찾는다. 술이 우리에게 주는 이로움 때문이겠는데, 그것은 어떤 것일까?

1) 泛(범) : 뜨다, 띄우다, 물이 가득 찬 모양, 물을 붓다.

孔先生頎, 性嗜[2]酒, 頭髡[3]而髯[4]長. 客有戱者曰, 同一體也, 何髮於頤[5], 而不髮於頭? 孔曰, 酒之禍也. 客曰, 酒安能禍於頭, 而不禍於頤乎? 孔笑曰, 子不聞醉者之痛乎? 常曰頭痛, 而不曰頤痛, 豈非痛者受禍, 而不痛者不受禍乎? 此吾所以髮於頤, 而不髮於頭也. 客不覺失笑.

『太平閑話滑稽傳』

술을 마심으로써 얻게 되는 이로움이라고 한다면 마음이 느긋해지고 여유로워지는 것을 들 수 있을 것이다. 평소라면 상처받고 마음 상해할 말이라도 술 한잔을 곁들이면 농담으로 받아칠 수 있는 여유가 생긴다. 나를 보호하려는 방어벽도 허물고, 나 자신이나 타인의 흉허물도 좀 무디게 바라볼 수 있다. 그래서 사람들과의 만남은 더욱 돈독해지고, 웃을 수 있는 여유가 생긴다.

堂侄沈日昇, 以司甕[6]院參奉, 爲沙器所監造官, 謂我曰願作一詩以送, 則欲寫於杯臺, 而燔[7]造. 作五言絶句曰,

---

2) 嗜(기) : 즐기다, 좋아하다.
3) 髡(곤) : 머리를 깎다, 대머리. 나무의 가지를 치다, 머리를 깎는 형벌.
4) 髯(염) : 구레나룻, 수염이 많은 사람.
5) 頤(이) : 턱, 위턱과 아래턱의 총칭, 아래턱, 기르다, 봉양하다, 부리다.
6) 甕(옹) : 독, 단지, 옹기 두레박.
7) 燔(번) : 굽다, 사르다, 말리다, 제육(猪肉, 돼지고기).

酒德眞堪頌,

醺醺[8]養太和[9].

巵[10]觴[11]皆寓戒,

惟願酌無多.

日昇 燔造之, 蓋此詩, 欲誡吾子侄而作, 敢望他人, 覽[12]而遵之乎. 酒之爲禍慘[13]矣. 欲保其身者, 可不念哉.

『遣閑雜錄』

그러나 술에 지나치게 의존하다 보면 술은 오히려 독이 된다. 술을 마신다고 해서 모든 사람이 술에 의존하게 되는 것은 아니다. 그렇게 되는 원인은 사실 술이 아니라 그 사람 자신에게 있다. 아무리 좋은 약이라 해도 정량을 지킬 때는 약이 되지만 과량 복용하면 해가 되는 것과 마찬가지이다. 어찌 보면 술은 늘 긴장하고 있는 우리의 정신을 잠시 쉬도록 하는 약과 같은 존재인지도 모르겠다. 그 적정량은 우리들 각자가 알 일이다.

---

8) 醺醺(훈훈) : 술이 얼근히 취해 기분이 좋은 모양. 醺은 취하다, 취하게 하다, 술 기운.

9) 太和(태화) : 음양이 조화된 기운 또는 만물이 생성하는 원기(元氣).

10) 巵(치) : 巵(치)의 본자(本字). 잔, 술잔.

11) 觴(상) : 잔, 술잔의 총칭. 술잔을 남에게 돌리다.

12) 覽(람) : 보다, 살펴보다, 비교하여 보다, 바라보다.

13) 慘(참) : 참혹하다, 비참하다, 무자비하다, 애처롭다.

술은 독毒 중中의 마魔이다

예나 지금이나 사람들에게 술은 다양한 기호품들 중에서도 제일가는 기호식품임에 틀림없다. 그런데 기호식품이란 이 술이 사람에게 가져다주는 해악 또한 적지 않다. 옛사람들의 술에 대한 견해들을 들어보자. 먼저, 술 자체를 부정적으로 보는 시각의 서술을 들어본다.

男年長大, 莫習樂酒, 女年長大, 莫令遊走.[1]

『明心寶鑑』 訓子篇

言多語失皆因酒, 義斷親疎只爲錢.

『明心寶鑑』 省心篇 上

戒爾勿嗜酒, 狂藥非嘉味, 能移謹厚性, 化爲凶險類, 古今傾敗者, 歷歷皆可記.

范質, <戒子詩>

1) 遊走(유주) : 놀러 다님. 樂 즐길 락, 遊 놀 유.

'남자가 나이가 들어 성장하면 술 즐기기를 익히지 말라'고 하는 구절이나, '말이 많아져 실수하게 되는 것은 모두가 술 때문'이라고 지적하는 구절이나, '술은 미치게 하는 약이라 두터운 성품을 흉하고 험한 성품으로 만들어 놓는다. 고금에 술로 패망한 자들이 역력히 증거한다'는 표현 등등은 모두 술을 즐겨 하지 말라는 서술들이다. 이들의 술에 대한 평가는 부정 그 자체에 놓여 있는 듯싶다. 심지어는 '毒 중의 魔'라고 표현한 시 구절도 있다. 아래에서 그 구절을 보자.

人於喫物嫌辛物	사람마다 음식 중엔 신 음식을 싫어하는데
酒味深辛樂奈何	술맛은 신데 즐기는 걸 어찌하리
必欲使人腸腐爛2)	기필코 사람 창자 녹이려는 음식이라.
不知元是毒中魔	아지 못괘라 이것 원래 독 중의 마로다.

李奎報, 『東國李相國集』 十卷 <古律詩>

이것은 이규보가 색色, 주酒, 시詩를 일러 '삼마三魔'로 여겨 지은 「삼마시三魔詩」의 한 편인 「주마酒魔」다. 그런데 이규보는 술을 좋아하여 자주 마셨던 것을 그의 문집의 시 구절이나 산문의 곳곳에서 짐작할 수 있다. 그런 그도 그 술이 지닌 해악을 익히 아는 나머지 '주마酒魔'라 했던 것이다. 자신이 좋아하는 사물을 표현함에 '마魔'라는 표현을 사용했다는 것은 두 가지로 풀이될 수 있겠다. 하나는, 너무 좋아하는 나머지 그에 스스로 빠져들어 미치는 것이요, 또 다른 하나는 대상물 그 자체의 '사람을 빠져들게 하는 성질'을 일컬음이 아니겠는가? 어쨌

2) 爛(란) : 문드러질 란. 데다, 헐다, 마음 아파하다.

든 '마魔'란 표현이 든 대상물은 사람을 어느 한 곳으로 치우치게 한다는 것에 있어서는 마찬가지인 것이다.

정철의 술에 대한 서술 한 구절을 살펴본다.

> 動靜無常言語失宜, 千邪萬妄皆從酒出方. 其醉時甘心行之, 及其醒也 迷而不悟. 人或言之, 則初不信然, 旣得其實, 則羞媿欲死. 今日如是明日又如是. 尤悔山積, 補過無時. 親者哀之 疎者唾之, 褻天命慢人紀. 見棄於名敎者不淺焉.
>
> 鄭澈, 『松江集』 卷二 <雜著>

정철은 술을 마심으로 인한 폐해에 대하여 '말이나 행동이 떳떳하지 못하고, 천 가지 사념邪念과 만 가지 망령됨[妄]이 나타나며, 또한 술을 끊지 못하여 허물과 뉘우침이 산같이 쌓여 허물을 고쳐볼 새가 없는 탓에 친한 자나 소원한 자들이 슬퍼하거나 침을 뱉는 지경에 이르니, 천명을 더럽히고 사람의 도리를 등한시하여 도덕의 가르침에서 버림받음이 적지 않다'고 말하고 있다.

정철은 자신의 경험담 투로 그 내용을 적어내는 만큼 그 내용의 사실적 성격과 그 절절함이란 이루 말할 수 없을 정도다. 우리는 여기서 술로 인한 폐해의 정도를 온몸으로 느낄 수 있을 것이다.

그럼에도 불구하고 술은 사람이 살아가면서 겪는 슬픔, 서러움, 억울함, 안타까움 등에 대한 위안과 기쁨, 즐거움에 대한 신명풀이의 결코 작지 않은 도구가 됨을 우리는 알고 있다. 이에 대해 정송강은 다음과 같이 그 즐거움과 평안하지 못한 마음을 대신할 방편들을 서술한다.

> 某之嗜[3]酒有四, 不平一也, 遇興二也, 待客三也, 難拒人勸四也, 不平則理遣可也, 遇興則嘯詠可也, 待客則誠信可也. 人勸雖苛, 吾志旣樹, 則不以人言橈[4]奪可也. 然則捨四可, 而就一不可之中, 終始執迷以誤一生, 何也.

鄭澈,『松江集』卷二 <雜著>

그는 술을 즐겨 마시는 네 가지 이유로, '마음에 불평이 있을 때, 흥거운 자리에서, 손님 접대를 위해, 남의 권주勸酒를 거절하기 어려운 때'를 들고는, 그 각각의 조목들에 대한 반박으로 첫째는, 심사가 평안하지 못할 때는 다른 일로 소일하면 되며, 흥겨운 자리에선 휘파람이나 글을 읊으면 될 것이요, 손님의 접대는 정성과 신의로 하면 될 것이요, 남들의 강한 권주에 대해서는 뜻을 굳게 세워 남의 말에 흔들리지 않으면 될 것이라 말하고 있다. 그리고는 말을 이어 "이처럼 될 수 있는 네 가지를 모두 버리고 하나의 될 수 없는 것으로 인생을 그르치는 것은 무슨 일인가?" 하며 자문하고 있다. 사실 정송강 그는 술을 좋아했다. 그의 문집을 살펴보면 여기저기서 술에 관한 언급이 있다. 좀

3) 嗜(기) : 즐길 기.
4) 橈(요) : 꺾일 요.

더 정확하게는 술 마신 일에 관한 언급이라 하겠다. 윗글도 글 전체의 내용을 보면 술을 끊지 못하여 생기는 여러 가지 상황들로 채워져 있다. 그렇기에 앞부분에 서술된 그 구절의 진지함, 절절함이 그대로 배어난다. 그럼에도 불구하고 말이다, 과연 술의 모든 것들을 다른 것들이 다 대신할 수 있는가? 그런가?

진정한 애주가의 모습

이번에는 술을 너무나 좋아했던 나머지 세간에 '주태백'이란 표현까지 낳게 한 바로 그 이태백의 시 구절을 살펴본다. 이태백의 작품에서 술에 관한 시 작품은 참으로 많다. 그 중에서 한 편을 살펴본다.

天若不愛酒	하늘이 만약 술을 사랑하지 않았다면
酒星[1]不在天	주성이 하늘에 있지 않았으리라.
地若不愛酒	땅이 만약 술을 사랑하지 않았으면
地應無酒泉[2]	땅에 주천이 없었으리라.
天地既愛酒	하늘과 땅이 이미 술을 사랑하였거니
愛酒不愧天	술을 사랑한들 하늘에 부끄럽지 않아라.
已聞淸比聖	이미 맑은술을 성인에 비함을 들었고,
復道濁如賢[3]	탁한 술은 현인과 같다 하였다.

---

1) 酒星(주성) : 「晋書天文志」의 酒旗星. 酒官의 기(旗)로 향연(饗宴)의 음식을 관장한다 함.

2) 酒泉(주천) : 한 무제 때 주천군(酒泉郡)을 열었음.

賢聖既已飮　　성현과도 같은 술을 이미 마셨거늘,
何必求神仙　　어찌 반드시 신선되기를 구할 것인가?
三盃通大道[4]　　석 잔이면 대도에 통하고,
一斗合自然　　말술이면 자연에 합치된다.
但得醉中趣　　다만 취중의 취아를 얻을 뿐,
勿爲醒者傳　　깨어 있는 자에겐 전하지 말지어라.

李太白, 『古文眞寶』「前集」<五言古風短篇>

그의 <장진주將進酒>와 함께 널리 암송되어졌던 <독작獨酌>이란 작품이다. 이백에게서 술은 그저 단순한 술이 아니라 인생을 음미하는 바로 그 도구였던 것이니, 술을 마시며 인생의 무상을 서글프게 노래하고, 또 그것을 잊기 위해 마신다. 이는 그에게서 술과 인생에 대한 음미는 둘이 아니요 선후가 정해져 있는 것도 아니다. 술을 마시면서 세상살이의 덧없음의 시름을 덜기도 하고 그로 인해 그 시름에 더욱 빠져들기도 하는 그런 대상이었던 것이다. 또 술을 통해 노장의 이른바 의식을 초월하여 만물의 본체인 대도를 터득할 수 있는 무념무상無念無想의 혼돈한 본원本源의 세계를 그려내기도 하는 것이다. 석잔 술에 그렇다면 말 술엔 어떨 것인가? 자연과 일치된 자아로 그 어떤 것에도 좌우되지 않는 무위자연無爲自然의 세계를 읊어대기도 한다.

그렇다. '주태백' 이백李白에게서 술은 그저 단순한 도구가 아니었던 것이다. 술은 인생이요, 삶의 세계를 조망하는 망루望樓이기도 했던

3) 淸比聖濁如賢(청비성탁여현) 청주는 성인 같고 탁주는 현인 같다는 뜻. 위지(魏志)에 나온 말.
4) 大道(대도) : 노자가 말한 만물의 본체. 우주의 진리로 곧 형이상학적 존재.

것이다. 과연 술을 좋아하는 현대의 사람들에게서 이백이 술을 대하는 모습을 볼 수 있을까? 술을 진정으로 좋아하는 자였던 이백. 그가 부럽다! 아니 그의 자세가 부럽도다!

한편, 야은冶隱 길재吉再의 술을 대하는 태도를 통해 우리는 무엇을 느낄 수 있는지 아래의 구절에서 느껴보자.

或以綠蟻嘉肴, 策藜[5]杖而趁[6]花竹, 夏日薰蒸, 暑炎逼人, 則駕雲帆歸江湖, 薄暮微涼, 踈[7]雨散絲, 則荷來鋤歸田園, 至於秋, 霖[8]初霽[9], 酷熱已解, 百稻皆熟, 鱸魚初肥, 偏坐漁舟, 直下絲綸, 從流而下, 遡流而上, 蘆花索索 菰[10]風細細, 煙雨明滅, 雲水汪[11]洋, 浩蕩萬里, 其誰能馴. 又其風雪打窓, 冬氣慄烈, 或擁爐而開酒甕.

『冶隱集』<山家序>

술과 안주를 장대에 꽂아 메고 꽃밭이나 대숲에서의 유유자적한 모습이나, 눈보라가 창을 치는 한겨울이면 간혹 화로를 끼고 앉아 술 항아리를 열어보는 여유로움은 자연을 벗해 그 흥취를 돕는, 그야말로 술의 바로 제자리를 찾아놓은 것은 아닌지 …….

---

5) 藜(려) : 명아주. 청려장 지팡이.
6) 趁(진) : 좇을 진.
7) 踈(소) : 疎의 譌字.
8) 霖(림) : 장마 림.
9) 霽(제) : 갤 제.
10) 菰(고) : 향초 고.
11) 汪(왕) : 넓을 왕.

귀신을 만나게 될 때

21세기를 사는 우리지만 여전히 귀신 이야기를 즐겨하고, 때론 귀신을 보았다는 사람을 만나기도 한다. 귀신이 실재하는가에 대해서는 의견이 분분하지만, 귀신을 보는 사람의 심리상태는 어느 정도 설명이 가능하다. 우리가 어떠할 때 귀신을 보는가?

眞伊者松都娼女也. 嘗僑[1]居于松都古射場宿焉. 夜月微明, 闃[2]無行人, 有白馬將軍, 駐馬盤桓[3]以袖拭淚而歌曰,

五百年都邑地匹馬歸來兮,
山川依舊人傑何所之兮.
已矣哉!

---

1) 僑(교) : 높다, 타관살이 하다, 임시적인 거처.
2) 闃(격) : 고요하다, 조용하다, 인기척이 없다.
3) 盤桓(반환) : 머뭇거려 멀리 떠나지 아니하는 모양, 뜻을 결정하지 못하고 머뭇거리는 모양, 광대(廣大).

故國興亡問之何爲哉.

歌竟揮鞭而逝[4], 不知所向, 始知其非人也. 其歌悲壯, 殆[5]非婦人所能, 今人謬[6]傳爲眞伊作, 松都人云.

『於于野談』

간절히 바라는 바가 있으나 스스로 용납할 수 없거나 도저히 세상에서 받아들여질 수 없는 것일 때, 그럼에도 불구하고 더욱 더 그 바람이 간절해질 때, 그것은 갑작스레 귀신의 모양으로 나타나서 우리를 두렵게 한다. 귀신은 어찌 보면 내 마음속에 있는 환상인지도 모른다.

---

4) 逝(서) : 가다, 뜨다, 떠나다, 죽다.
5) 殆(태) : 위태하다, 해치다, 가까이 하다, 가깝다, 거의, 처음.
6) 謬(류) : 그릇되다, 어긋나다, 속이다, 기만하다.

나를 사랑하기

우리는 대부분 청소년기를 지나면서 한동안 심각한 열등감에 빠지게 되는 것을 경험한다. 키가 작은 것, 눈에 쌍꺼풀 없는 것, 공부 못하는 것, 친구들에게 인기가 없는 것 등등 하나부터 열까지 모든 것이 못마땅하다. 그래서 이 때의 청소년들은 굉장히 의기소침해지고 부정적이며 불만에 가득 차 있을 때가 많다. 그래서 어른들은 이들을 대하기가 너무 어렵다고 호소한다. 성인들도 때때로 내가 미워져서 마치 청소년기의 그 때로 되돌아간 것 같은 상태가 지속되기도 한다. 그러면 주변의 사람들은 다루기 힘든 청소년을 대하는 것처럼 그 사람을 대하는 것이 쉽지만은 않을 것이다. 주변 사람들이 편하게 대해주지 않으니 자기 자신을 사랑하는 것이 더 어렵게 될 것이다. 이렇게 악순환이 지속된다. 내가 나를 사랑하지 않으면 아무도 나를 사랑하지 않는다. 또 나를 사랑하지 않으면 나는 아무도 사랑할 수 없다. 모든 인간관계의 시작은 나를 사랑하는 것에 있지 않을까?

孟子曰, 自暴者, 不可與有言也, 自棄者, 不可與有爲也. 言非禮義, 謂之自暴也, 吾身不能居仁由義, 謂之自棄也, 仁人之安宅也, 義人之正路也, 曠[1]安宅而弗居, 舍正路而不由, 哀哉.

『孟子』 離婁章句 上

자기 자신을 존중하는 사람은 자기 자신을 사랑하는 사람이다. 그러나 자기애에 빠진 사람과는 다르다. 자아 존중감이 높은 사람은 자기 자신에 대한 사랑이 타인에 대한 사랑과 이해로 전이될 수 있는 사람이다.

自信者, 人亦信之, 吳越皆兄弟. 自疑者, 人亦疑之, 身外皆敵國.

『明心寶鑑』 省心篇

나를 미워하게 되면 나 자신은 모든 힘을 잃고 무기력해진다. 우울증에 빠진 사람을 생각해 보자. 대부분의 사람들이 무언가 소중한 것을 상실한 상황에서 그 탓을 자신에게 돌리고 슬퍼하는 경향이 있지만 우울증으로까지 이어지는 사람들은 자기 자신을 학대하는 정도에 이르게 된다. 먹지도 자지도 못하고, 외모나 행동에 전혀 신경을 쓰지 못한다. 때로 술이나 향락에 빠져 자신을 파괴하고 결국 자살에 이르기도 한다. 무기력해진 자아가 걷게 되는 극단적인 길이라고 하겠다.

---

1) 曠(광) : 밝다, 환하다, 들판, 황야, 텅 비게 하다.

나에게 힘을 불어넣을 수 있는 사람은 나 자신이다. 다른 사람의 격려와 칭찬이 때론 도움이 되지만 내가 나를 미워하고 있을 때는 그조차도 조롱으로밖에 들리지 않는다. 열심히 자신을 사랑하고 가꾸고 노력하는 사람이 다른 사람의 눈에 훨씬 더 매력적이고 믿음직스럽게 보인다. 내가 미워질 때, 나 스스로에게 사랑의 주문을 외워보는 건 어떨까?

내 몸부터 다지기

所謂九思者, 視思明, 聽思聰, 色思溫, 貌思恭, 言思忠, 事思敬, 疑思問, 忿思難, 見得思義.

『擊蒙要訣』

사람에게는 아홉 가지 생각해야 할 것이 있으니, 볼 때는 잘 살펴서 볼 것을 생각하고, 들을 때는 총명하게 들을 것을, 얼굴빛은 온화하게 몸을 움직이는 태도는 공손하게, 말을 할 때는 거짓 없이 참되게, 어른을 섬길 때는 공경할 것을, 의심스러울 때는 늘 물어볼 것을, 화가 날 때는 화를 냄으로 해서 뒷날 관계가 불편해진다든가 편치 않은 상태가 되어 어려워질 것을 생각하고, 이득을 보게 되면 과연 정의로운 것인가를 생각하라는 것이다. 일상생활 속에서 늘 머릿속으로 생각해보고 실천에 옮긴다면 성인군자라 자처해도 무방할 것으로 본다.

衣服不可華侈, 禦[1]寒而已, 飮食不可甘美, 救飢而已, 居處不可安泰, 不病而已. 惟是學問之功, 心術之正, 威儀之則, 則日勉勉而不可自足也.

『擊蒙要訣』

君子食無求飽, 居無求安, 敏於事而愼於言, 就有道而正焉, 可謂好學也已.

『論語』 爲政篇

우리는 늘 남들과 비교하기를 좋아한다. 남들보다 더 좋은 것, 명품이라 불리는 옷을 걸치고 싶고 호화로운 집에서 거처하기를 갈구한다. 그것이 좌절됐을 때 자신을 비관하기조차 한다. 『맹자』에 "열개 손가락 중 하나가 굽어서, 남들처럼 정상은 아니지만 아프거나 일상생활에서 지장을 주지는 않는 정도인 데도, 그 굽은 손가락을 똑바로 펼 수 있는 명의名醫가 있다면 그 명의가 진나라 초나라에 있다 할지라도 멀다고 여기지 않고, 달려가 치료를 받는다는 것이다. 그러나 손가락 같은 겉으로 보이는 것이 남과 다름은 부끄러워하면서도 눈에 보이지 않는 것, 이를테면 양심이 남과 같지 못함은 부끄러워 할 줄 모른다"는 말이 나타나 있다. 의복은 남의 것과 비교하여 얼마나 아름다운가를 따질 게 아니라 그저 추위를 막을 정도면 충분하고, 음식도 달고 맛있는 것만을 찾을 게 아니라 굶주림을 면할 정도면 그만이라는 것이다. 호사스런 주택에서 살기를 바랄 것이 아니고 그저 비바람을 막아 병이 나지 않을 정도라면 만족하라는 것이다. 그러나 늘 남들과 비교해

1) 禦(어) : 막을 어.

서 자신이 부족하다고 느껴야 할 대상은 학문을 이루는 것과 마음 씀씀이를 바르게 하는 것, 그리고 몸가짐을 떳떳하게 하도록 날마다 힘쓰고 힘써서 이 정도면 충분하다고 만족해서는 안 된다는 것이다. 늘 조심하고 경계해야 할 것이 물질적인 가치보다 정신적인 가치를 더 중히 여길 줄 아는 태도가 필요하다.

太公曰, 勤爲無價之寶, 愼是護身之符.

『明心寶鑑』 正己篇

사람이 세상을 살아가는 방법에 있어서, 가장 중요한 것이 바로 부지런한 것이다. 옛말에 근면하면 천하에 어려운 일이 없다[一勤天下無難事]고 하였고 일생의 계획은 부지런한 데 있다[一生之計在於勤]고도 하였다. 과거나 현재를 막론하고 크고 작은 사업을 이룩한 사람은 부지런하지 않은 사람이 없다.

子曰, 知之者, 不如好之者, 好之者, 不如樂之者.

『論語』 雍也篇

군대에서 가장 많이 듣는 말이 "피할 수 없으면 즐기라"는 말일 것이다. 진리를 아는 것보다는 좋아하는 것이, 좋아하는 것보다는 즐기는 것이 최상인 것이다. 어떤 일을 실행에 옮길 때도 이왕이면 그 일에 몰입해서 즐기는 것이 성과도 있을 것이고 만족도도 높을 것이다.

子路問君子, 子曰, 修己以敬. 曰, 如斯而已乎. 曰, 修己以安人. 曰, 如斯而已乎. 曰, 修己以安百姓. 修己以安百姓, 堯舜其猶病諸[2].

『論語』憲問篇

경敬은 남을 무시하지 않는 것, 함부로 하지 않는 것, 소홀히 하지 않는 것으로서, 이 세상 모든 것을 귀하게 취급하는 것이다. 이처럼 상대방을 존중하고 공경하게 되면 그 사람은 자연히 편안함을 느끼게 된다. 그리고 자신을 인정해 주는 시선 속에서 마음 놓고 성장할 수 있게 된다. 반대로 누군가가 믿지 못하겠다는 시선, 마땅치 않다는 시선을 보낸다면 그 시선을 거두게 할 때까지 시간과 노력을 허비하게 될 것이다. 자신에게 중요한 영향력을 끼칠 수 있는 사람이 그러한 눈초리로 바라볼 때는 더욱 그러할 것이다.

紫虛元君[3]誠諭[4]心文曰 福生於淸儉[5] 德生於卑[6]退 道生於安靜[7] 命生於和暢[8] 患[9]生於多慾 禍生於多貪[10] 過生於輕慢[11] 罪[12]生於不仁 戒眼[13]莫看他非

2) 諸(저) : 之於, 之與 등의 뜻이 될 때 음이 '저'이다.
3) 紫虛元君(자허원군) : 道家(도가)에 속하는 인물로 元君(원군)은 여자가 신선된 사람이고, 남자의 경우에는 眞人(진인)이라고 하나 자세한 것은 분명치 않다.
4) 諭(유) : 고할 유.
5) 儉(검) : 검소할 검.
6) 卑(비) : 낮을 비.
7) 靜(정) : 고요할 정.
8) 暢(창) : 화창할 창.
9) 患(환) : 근심 환.

戒口莫談[14]他短 戒心莫自貪嗔 戒身莫隨[15]惡伴[16] 無益之言莫妄[17]說 不干[18]己事莫妄爲 尊[19]君王孝父母 敬尊長奉有德 別賢[20]愚[21]恕[22]無識[23] 物順來而勿拒[24] 物旣去而勿追[25] 身未遇[26]而勿望[27] 事已過而勿思 聰明多暗昧[28] 算計失便宜 損人終自失 倚勢禍相隨 戒之在心 守之在氣 爲不節而亡家 因不廉[29]而失位 勸[30]君自警[31]於平生 可歎[32]可驚[33]而可畏[34] 上臨之以天鑑 下察之以地祇[35] 明有王法相繼 暗有鬼[36]神相

---

10) 貪(탐) : 탐할 탐.
11) 慢(만) : 거만할 만.
12) 罪(죄) : 허물 죄.
13) 眼(안) : 눈 안.
14) 談(담) : 말씀 담.
15) 隨(수) : 따를 수.
16) 伴(반) : 짝 반.
17) 妄(망) : 망령될 망.
18) 干(간) : 간여할 간.
19) 尊(존) : 높일 존.
20) 賢(현) : 어질 현.
21) 愚(우) : 어리석을 우.
22) 恕(서) : 용서할 서.
23) 識(식) : 알 식.
24) 拒(거) : 막을 거.
25) 追(추) : 쫓을 추.
26) 遇(우) : 만날 우.
27) 望(망) : 바랄 망.
28) 昧(매) : 어두울 매.
29) 廉(렴) : 청렴할 렴.
30) 勸(권) : 권할 권.
31) 警(경) : 경계할 경.
32) 歎(탄) : 탄식할 탄.
33) 驚(경) : 놀랄 경.
34) 畏(외) : 두려워할 외.

隨 惟正可守 心不可欺[37] 戒之戒之

『明心寶鑑』正己篇

우리는 살아가면서 끊임없이 자신의 목표를 위해 노력한다. 그 목표를 이루기 위해서 잠시 놀고 싶은 것, 쉬고 싶은 것도 참아가면서, 한 걸음 한 걸음 힘들게 보다 나은 미래를 위해 현재를 밑거름 삼아 자신을 다지고 있는 것이다.

저마다의 목표는 다르겠지만, 모두 그것을 이루기 위해서 정성과 노력을 다해야 한다는 것을 우리 모두는 알고 있다. 그렇기 때문에 자신에게 맞는 좌우명을 가질 때 위로와 용기를 얻으며 자신의 목표를 향해 매진할 수 있는 것이다.

---

35) 祇(기) : 땅귀신 기.
36) 鬼(귀) : 귀신 귀.
37) 欺(기) : 속일 기.

마음의 중심을 잡아야 한다

지금까지는 자기 이외의 다른 사람의 마음을 보고자 했다. 이제는 시선을 자기 안으로 돌려보자. 자신의 마음가짐이나 그 내용에 대한 선인들의 표현을 살피는 것이 현대인에게 어떤 도움이 될 수도 있지 않을까? 시대적 상황이 다름에 따라 대상을 대하는 자세와 그 방식 또는 자신의 마음을 다스림에 있어서도 예와 지금이 다른지, 또 다르다면 어떻게, 얼마나 다른가를 살필 수 있는 계기는 되지 않을까?

夫治天下固大, 治事物固小, 然其以此心制之則, 一也. 治天下凡是此心, 治事物凡是此心, 不以其小事而有餘, 不以其大事而不足. 無他, 此心之外無天下, 此心之外無事物也. 故其心克全其體則, 治事物治天下, 以至於參贊化育而無意也. 豈非事有大小, 而心無分於大小故耶.

『霞谷集』「拾遺」

이는 마음가짐이란 작은 일에나 큰일에나 모두가 하나의 온전한 마음으로써 임해야 함을 말하는 것으로, 마음가짐의 중요성을 힘주어 말하고 있는 것이다. 불가佛家의 말에 '일체유심조一切唯心造'란 표현이 있듯이 마음을 다스려 지킴이 얼마나 소중한가를 말하고 있는 것이다.

抑人之處世也, 事應無窮, 酬酌多端, 醉夢未覺膏火相煎, 得喪榮悴之紛紜, 悲歡憂樂之不一, 而雲雨飜覆於朝暮, 風波或起於俄頃, 則浮沉狼狽之餘. 或不免顚倒錯謬, 而失其本心者多矣. 君子則不然, 混混於流俗之中而志益潔.

『鵝溪遺稿』「箕城錄」

사람이 세상을 살아가면서 세상의 갖가지 기쁨과 슬픔, 걱정과 즐거움 등 풍파에 시달리는 사이에 본심을 잃는다 했다. 결국 세상의 풍파에 의해 자신의 본래의 마음을 잃게 됨을 말하며 그것을 경계해야 함을 살피고 있는 구절이다. 그런데 군자는 이러한 시류 속에서도 흔들리지 않는다 했으니 그 군자의 마음을 한 번쯤 생각해 봄이 어떨까?

그런데 마음을 이처럼 제대로 가누지 못하여 생기는 일이란 과연 어떤 것일까? 이에 대해서 선인들의 표현을 빌려 그 흐르는 모양새를 살펴보는 것도 또한 현대의 우리에게 좋은 보탬이 되지 않을까?

士君子之於貨利聲色, 亦猶是也. 孰不知貪饕[1]狂蕩之爲可賤, 玷[2]汚喪敗之爲可畏歟, 然試嘗[3]於心而卒忘其恥, 豈聞有齒冷嘲笑之言乎. 汝當審其幾[4]也毋忽.

『續東文選』卷十七, 「訓子五說」

翁曰, 噫噫! 客不之思耶. 夫人之心, 操[5]舍無常, 履平陸則泰以肆[6], 處險境則慄[7]以惶[8], 慄以惶, 可儆[9]而固存也, 泰以肆, 必蕩而危亡也. 吾寧蹈[10]險而常儆, 不欲居泰以自荒, 况[11]吾舟也浮遊無定形, 苟有偏[12]重, 其勢必傾 不左不右, 無重無輕, 吾守其滿, 中持其衡, 然後不欹[13]不側[14], 以守吾舟之平. 縱[15]風浪之震蕩[16], 詎[17]能撓[18]吾心之獨寧者乎. 且夫人世一巨浸

---

1) 饕(도) : 탐할 도, 욕심낼 도.
2) 玷(점) : 이지러질 점, 잘못.
3) 嘗(상) : 맛볼 상, 일찍이 상.
4) 幾(기) : 기미, 낌새, 거의 기.
5) 操(조) : 잡을 조.
6) 肆(사) : 방자할 사.
7) 慄(율) : 두려워할 율.
8) 惶(황) : 두려워할 황.
9) 儆(경) : 경계할 경 警과 同.
10) 蹈(도) 밟을 도.
11) 况(황) : 하물며 황, 況의 俗字.
12) 偏(편) : 치우칠 편, 절반, 한 쪽.
13) 欹(의) : 아 의, 기울다, 한쪽을 높게 세우다.
14) 側(측) 곁 측, 기울일 측.
15) 縱(종) : 늘어질 종, 좇다. 비록.
16) 震蕩(진탕) : 흔들려 움직임.
17) 詎(거) : 어찌 거, 적어도, 진실로, 그치다.

也, 人心一大風也. 而吾一身之微, 渺[19]然漂溺於其中, 猶一葉之偏舟泛萬里之空濛[20], 盖[21]自吾之居于舟也. 祇[22]見一世之人, 恃其安而不思其患, 肆其欲而不圖其終, 以至胥[23]淪[24]而覆[25]沒者多矣. 客何不是之爲懼, 而反以危吾也耶.

『東文選』 卷九十八

위의 두 글은 마음가짐을 제대로 지켜 가누지 못하여 오는 결과의 예를 보여주고 있다. 즉 강희맹의 '담사설啗蛇說'에서는 '몸을 더럽히고 집안을 망치는 일임을 알면서도 한번쯤이야 하는 안일한 생각에 빠져 시험 삼아 해본다고 하다가 결국 부끄러움을 잊게 되는 결과를 가져온다'면 그것은 결국 자신의 마음을 올곧게 지켜 가누지 못함에서 온 것이 아니고 무엇이겠는가 하는 생각을 하게 한다.

또, 권근의 「주옹설舟翁說」은 '대개 사람의 마음이란 잡고 놓음이 무상無常하여' '전율戰慄하고 두려워하면 가히 조심하여 굳게 지키려니와, 태연히 여겨서 방사하면 반드시 방탕하여 위망危亡하게 될 것'이라고 하면서 마음을 가다듬어 지키는 것이 얼마나 중요한가를 일깨워 주고 있다.

---

18) 撩(료) : 다스릴 료, 돋우다, 치료하다.
19) 渺(묘) : 아득할 묘.
20) 濛(몽) : 가랑비 올 몽, 큰 물.
21) 盖(개) : 蓋(대개 개, 덮을 개)의 俗字.
22) 祇(지) : 마침 지.
23) 胥(서) : 서로 서, 함께, 모두.
24) 淪(륜) : 물놀이 륜, 빠지다. 빠져들다.
25) 覆(복) : 뒤집힐 복.

이처럼 마음을 가누지 못하여 일어나는 결과는 그야말로 자신의 모든 것에 치명적인 결과를 가져올 수도 있음을 밝혀주고 있다.

이제는 그와 반대로 마음을 지켜 생사의 기로에서 살아나는 내용을 살펴본다.

吾乃今知夫道矣. 冥心者耳目不爲之累, 信耳目者視聽彌審而彌爲之病焉, 今吾控[26]夫足爲馬所踐則, 載之後車遂縱鞚[27]浮河, 攣[28]膝聚足於鞍上, 一墜則河也, 以河爲地 以河爲衣 以河爲身 以河爲性情, 於是心判一墜, 吾耳中遂無河聲, 凡九渡無虞, 如坐臥起居於几席之上, 昔禹渡河黃龍負舟至危也, 然而死生之辨先明於心則, 龍與蝘[29]蜓[30]不足大小於前也, 聲與色外物也, 外物常爲累於耳目, 令人失其視聽之正, 如此, 而況人生涉世 其險且危有甚於河, 而視與聽輒[31]爲之病乎. 吾且歸吾之山中, 復聽前溪而驗之, 且以警巧於濟身而自信其聰明者.

『熱河日記』

26) 控(공) : 당길 공, 고하다, 아뢰다, 두드리다.
27) 鞚(공) : 재갈 공.
28) 攣(연) : 걸릴 연, 이어지다, 연관되다. 경련이 일다.
29) 蝘(언) 수궁 언, 매미의 하나, 두더지. 지렁이.
30) 蜓(전) 수궁 전, 지렁이, 씽씽매미.
31) 輒(첩) 문득 첩, 번번이, 갑자기.

연암 박지원의 『열하일기』에 실린 '일야구도하기一夜九渡河記'의 한 대목이다. '낮에 보았던 백하白河를 건너는 사람들의 모습이 고개를 들어 하늘을 보았는데, 이제 밤에 백하白河를 건너고 보니, 낮에 건너는 사람들이 고개를 들어 하늘을 보고 건넜던 것은 그 물이 돌아 탕탕하게 흐르는 모습을 보면 자신의 몸이 물을 거슬러 올라가는 듯하고, 눈은 강물과 함께 따라 내려가는 것 같기에 그러함을 피하고자 하여 눈을 들어 하늘을 보았던 것이요, 지금 밤에 건너고 보니 그 물 흐르는 것이 오직 소리에 의지하여 소리로만 그 모든 것을 판단하고자 함에 이르게 되니, 보고 듣는 그 외물이 항상 이목耳目에 누累가 되어 사람으로 하여금 똑바로 보고 듣는 것을 잃게 함이 이와 같다. 그러니 하물며 인생이 세상을 지나는데 그 험하고 위태로운 것이 강물보다 심하고, 보고 듣는 것이 문득 병이 되는 것임에 있어 말하여 무엇 하겠는가?' 하는 내용이다.

이는 곧 외물의 보이고 들림에 의지하지 말고 그 사물의 본질을 파악하고 그에 응해야 함을 말하는 것이며, 더 나아가 이는 자신의 마음으로부터 비롯됨을 드러내 주고 있다 할 것이니, 이 구절은 그 보고 듣는 것에 의하지 않고 마음을 올곧게 지켜내면 생사의 기로에서 조차도 자신을 지켜낼 수 있음을 말하는 것이 아니겠는가?

마음을 다스리는 근본을 알아야 한다

앞에서 마음을 제대로 가누지 못하면 어떠한 결과를 가져오는지와 마음을 다잡아 생명을 간직하는 경우를 선인들의 문장을 통해 살펴보았다.

이제 그 마음을 다스려 가누는 요령에 대한 선인들의 자세를 한번 엿보자!

心兮本虛, 應物無跡, 操之有要, 視爲之則, 蔽交於前, 其中則遷, 制之於外, 以安其內, 克己復禮, 久而誠矣.

『論語』顔淵篇(集註, 程子視箴)

제자인 안연顔淵이 스승에게 인仁에 대하여 여쭙자 공자는 '자기의 사욕을 이겨내고 예에 돌아가면 인仁하나니, 하루라도 자신의 사욕을 이겨내고 예에 돌아가면 천하가 인으로 돌아온다. 인을 행하는 것은 자신이 행하는 것이지 다른 사람으로 말미암는 것이겠는가?' 하고

답하였다. 송나라 때의 정자程子[程伊川]는 자신의 사욕을 이겨내고 예禮의 이치에 따라 행하라는 공자의 교훈을 풀이하여 <사물잠四勿箴>(視箴, 聽箴, 言箴, 動箴)을 지었다. 그 사물잠四勿箴은 요체는 보고, 듣고, 말하고, 행동함에 있어 바로 마음을 다스리는 내용이라 하겠다.

子貢問政. 子曰, 足[1]食, 足兵, 民信之矣. (중략) 自古皆有死, 民無信, 不立.

『論語』顔淵篇

옛글에 스스로를 믿는 자는 다른 사람들로부터도 믿음을 얻어 갈등적 관계에 있는 상대로부터도 신임을 얻게 되고, 스스로에 대한 믿음을 간직하여 지키지 못하는 자는 역시 남으로부터도 그 믿음을 지켜낼 수 없음을 강조한 가르침이 있다.(自信者 人亦信之 吳越皆兄弟 自疑者 人亦疑之 身外皆敵國<83쪽 本文>)

위 본문에서는, 믿음이란 개인에게서 발전하여 국가사회를 유지하는 바탕이 되고, 나라를 다스리는 기본요소가 됨을 말하고 있다. 나라를 다스림에 있어서 "백성이 믿어주지 않으면 존립할 수 없다."고 한 말은 만고의 진리인 것이다. 자신의 마음을 돌이켜볼 여유조차 갖지 못하고 하루하루를 생활하면서 자신에 대한 믿음조차도 간직하지 못하고 살아가는 현대인들은 다시 한 번 자신을 돌이켜 보는 기회를 주는 구절이라 생각되지 않는가?

다시 한 구절을 더 살펴보자.

---

1) 足(족) : 만족하게 하다. 충족, 발.

夫以余之生不能彎弓, 一朝奮發用力裁旬月. 以下愚以得上才稱. 華衮有褒 中心有貺2) 向余之不能射, 直怠耳. 豈才之罪也. 子曰3), 爲仁由己而由人乎哉. 射猶如此. 君子之爲仁, 其可不盡心力以求, 而卒爲不若人之歸乎. 記之以戒夫世之自暴而自棄者.

『樊巖集』卷三十四

이 글은 채제공蔡濟恭이 병조판서였음에도 활을 못 쏘는 탓에 임금이 신하들과 함께 활쏘기를 하는 모임에 참석하지 못하게 됨이 마음에 걸려 활쏘기 연습을 게을리 하지 않아 마침내는 임금을 모신 자리에서 활을 잘 쏜다는 다른 신하와 활쏘기 내기를 하게 되었는데 결국엔 채제공 자신이 승리하여 임금으로부터 상을 받았다는 내용을 적어 세상의 자포자기하는 사람에게 경계로 남기는 글이다.

채제공이 본디 문관으로 익히지 못했던 활쏘기를 나이가 든 젊지 않은 상황에서도 자포자기하지 않고 힘써 노력함으로써 자신의 뜻을 이룰 수 있음을 보여주는 것이라 하겠다. 이는 곧 절박하고 궁벽한 상황이라 하여 아예 마음을 놓아버리는 일이 없어야 그 궁벽한 상황을 벗어날 수 있음이니, 이 어찌 마음을 다잡아 노력한 결과가 아니겠는가?

2) 貺(황) : 줄 황.
3) '子曰~乎哉'의 부분은 『논어』 顔淵篇의 한 구절.

인간에게 하늘이 있다

인간은 보이는 것과 보이지 않는 것에 대해 민감하게 반응하는 성향이 있다. 보이는 것에 대해서는 강한 믿음을 보이지만 그렇지 않은 경우에는 의심하고 대수롭지 않게 치부하는 경향이 있다. 우리는 흔히 하늘의 법칙이 존재한다고 알고 있다. 이러한 하늘의 법칙이 인간의 세계를 통제하고 규율한다고 믿고 있다.

하지만 현실에서는 하늘의 법칙과 어긋나는 일이 발생하는 경우가 많기에 이럴 때마다 인간들은 이러한 법칙의 존재 여부를 의심한다. 하늘이 보이지도 않고 감지되지도 않기 때문이다. 보이지 않거나 감지할 수도 없는 이 법칙을 옛사람들은 어떻게 인간과 함께 존재한다고 믿었을까?

康[1]節邵[2]先生[3]曰, 天聽寂[4]無音, 蒼蒼[5]何處尋, 非

---

1) 康(강) : 편안할 강.
2) 邵(소) : 고을이름 소.
3) 邵康節先生(소강절선생) : 송나라 때의 사상가. 이름은 옹(雍), 자는 요부(堯夫), 강절은 시호.
4) 寂(적) : 고요할 적.

高亦非遠, 都[6]只在人心.

『明心寶鑑』天命篇

하늘이 천둥과 같은 소리로 인간의 말을 듣는다고 하나, 인간들은 그것을 확인할 길이 없다. 어떤 행위에 대한 반응이 있다면 그것을 인지했다고 판단할 수 있을 텐데, 하늘은 그런 반응을 보여주지 않는다. 그리고 하늘은 인간과는 멀리 떨어져 있는 존재이기에 그러한 의심은 더욱 깊어간다.

이러한 하늘의 법칙은 인간의 능력으로 감지할 수 없다. 그래서 사람들은 하늘의 법칙과 같은 원리로 운용되는 것이 인간에게도 존재하고 있는 것이 아닐까 하는 생각을 하게 된 것이다. 사람들은 하늘의 법칙이 떳떳함을 말한 것이라면, 하늘의 법칙과 동일한 기능을 수행하는 그 무엇이 인간에게도 있지 않을까 생각한 것이다. 인간이 어떤 행동을 했을 때 떳떳한가 그렇지 않은가를 판단하는 것은 타인이 아니라 자기 자신이다. 인간의 양심이 그것이다. 그리하여 하늘의 법칙이 고스란히 인간의 양심에 들어와 있다고 본 것이다.

인간의 양심이 하늘의 법칙과 같은 역할을 한다고 사유함으로써 인간과 하늘은 공존하게 된 것이다. 하늘이 보이지 않지만 그것은 인간의 마음속에 있기 때문에 하늘의 존재는 이제 인간에게 멀지도 않고 높지도 않은 아주 가까운 곳에 공존하는 존재가 된 것이다.

---

5) 蒼蒼(창창) : ① 빛이 새파란 모양, ② 하늘이 개어 맑은 모양, ③ 어둑어둑한 모양. 여기에서는 하늘이 푸르고 푸르러 너무 높이 있는 모습을 말하는 것이 아닌가 생각된다.
6) 都(도) : 모두 도, 모조리 도.

세상 속에 감추어진 '나', 세상 속에 드러내고 싶은 '나'

때때로 세상을 살면서 불만이 있지 않았는가?

뒤죽박죽인 세상의 틀 속에서는 도저히 나를 드러낼 수 없다는 점에 대해서……. 혹시 실제로 비춰지는 내 모습 외에 남다르면서 특별한 부분이 있다고 여겨진 적은 없었는가?

(전략)

覽椒蘭其若茲兮, 又況揭車與江離.
惟茲佩之可貴兮, 委厥美而歷茲.
芳菲菲而難虧兮, 芬至今猶未沬.
和調度以自娛兮, 聊浮游而求女.
及余飾之方壯兮, 周流觀乎上下.

(중략)

亂曰, 已矣哉.
國無人莫我知兮, 又何懷乎故都.

旣莫足與爲美政兮, 吾將從彭咸之所居.

屈原,『古文眞寶』<離騷經>

악취 나는 세상에서 '나'만이 향기 나고 '나'만이 깨끗하다고 여기는 굴원. 자기만의 향기에 알맞은 사람을 만나기 위해 여기저기를 헤매 다니는 굴원. 기어이 '나'를 알아주는, '나'와 합合하는 사람을 만날 수 없어 죽음을 선택하는 굴원. '나'를 알아준다는 것은 죽음을 선택할 만큼 가치가 있는 것인지.

漢宮有佳人, 天子初未識.
一朝隨漢使, 遠嫁單于國.
絶色天下無, 一失難再得.
雖能殺畵工, 於事竟何益.
耳目所及尙如此, 萬里安能制夷狄.
漢計誠已拙, 女色難自誇.
明妃去時淚, 洒向枝上花.
狂風日暮起, 飄泊落誰家.
紅顔勝人多薄命, 莫怨春風當自嗟.

歐陽永叔,『古文眞寶』<明妃曲>

평생에 한 번 볼까말까 하는 절세미인을 오랑캐에게 보내야 하는 한漢나라 왕. 헛되이 왕소군의 외모를 제대로 그리지 못했다는 이유로

화공을 죽이니, 그런다고 떠나버린 왕소군을 돌아오게 할 수 있겠는가? 이 노래는 진정한 아름다움을 알아주지 못한 왕의 실수가 오랑캐를 제압하지 못하는 졸렬한 계책으로까지 확대하고 있다.

반면 자신을 알아주지 못한 왕인데도 한漢나라 왕을 그리워하는 왕소군의 마음은 어떠했을까? 왕소군의 아름다움은 다른 어떤 나라도 아닌 한나라만이 알아주어야 하는 것일까? 다른 나라에서 자신의 아름다움을 인정받는 것은 무의미한 것일까?

다섯째 마당

선과 악의 대결

왜 착한 사람이 복福을 받지 못할까?

우리는 착한 사람이 복을 받고 악한 사람이 벌을 받는 것이 당연하다고 생각한다. 그러나 실제로는 악한 사람이 잘 되고 착한 사람이 고난을 당하는 경우를 많이 본다. 『주역周易』 계사전繫辭傳에 다음과 같은 말이 있다.

> 善不積[1]不足以成名, 惡不積不足以滅[2]身. 小人以小善爲无[3]益而弗[4]爲也, 以小惡爲无傷[5]而弗去也, 故惡積而不可掩,[6] 罪大而不可解.[7] 易曰, 何[8]校[9]滅耳, 凶.

『周易』 繫辭傳

---

1) 積(적) : 쌓을 적.
2) 滅(멸) : 없앨 멸, 없어질 멸.
3) 无(무) : 없을 무. 無(무)와 같은 뜻의 글자.
4) 弗(불) : 아니 불. 不(불)과 같은 뜻의 글자.
5) 傷(상) : 다칠 상, 상할 상.
6) 掩(엄) : 가릴 엄.
7) 解(해) : 풀 해.
8) 何(하) : 어찌 하, 멜 하. 여기서는 '어찌 하'의 뜻으로 쓰임.

물이 불을 끄는 것이 이치이지만 한 움큼의 물로는 큰 불을 끌 수 없다. 착함도 마찬가지이다. 효과가 나타나기 위해서는 일정한 수준에 이르러야 한다. 눈앞에 당장 나타나는 효과만을 따라가는 사람은 그래서 쉽게 착함을 외면하게 된다. 그리고 이 정도는 괜찮겠지 하면서 악惡에 조금씩 빠져들게 된다. 그러나 가랑비에 옷 젖는 줄 모른다고 했던가?

9) 校(교) : 학교 교, 차꼬 교. 여기서는 '차꼬 교'의 뜻으로 쓰임.

인간의 본성은 악惡에 가깝다

우리는 '누구는 천성적으로 착하다'거나 '누구는 천성적으로 악하다'라는 말을 하곤 한다. 천성은 원래 선천적으로 타고난 성질을 말한다. 그렇다면 어떤 이는 처음부터 선하게 태어나고 어떤 이는 악하게 태어났다는 것일까? 옛사람들은 선과 악의 속성을 어떻게 파악하였고, 인간의 본성을 어떻게 이해했을까? 다음의 예문을 통해 살펴보자.

莊子曰, 一日不念善, 諸[1]惡皆自起.

『明心寶鑑』 繼善篇[2]

太公[3]曰, 見善如渴[4], 聞惡如聾[5]. 又曰, 善事須貪, 惡事莫[6]樂.

『明心寶鑑』 繼善篇

1) 諸(제) : 모두 제.
2) 繼善篇(계선편) : 계선편은 하늘이 인간에게 부여한 선을 이어나갈 것을 강조한 장이다.
3) 太公(태공) : 강태공. 주(周)나라 초기의 현자로 위수가에서 낚시질하다가 문왕에게 기용되었다고 한다. 훌륭한 정치가로 주나라 무왕뿐만 아니라 성왕을 섬겼다.
4) 渴(갈) : 목마를 갈. 如渴은 목이 마른 것같이 하라는 뜻.
5) 聾(롱) : 귀머거리 롱.

馬援[7][8]曰, 終身行善, 善猶[9]不足, 一日行惡, 惡自[10]有餘.

『明心寶鑑』繼善篇

장자는 선을 매일 생각해야 한다고 했다. 이것은 선은 의식적으로 늘 머릿속에 염두에 두고 있어야 함을 말한다. 만약 선을 생각하지 않게 된다면, 장자는 악이 스스로 생겨난다고 하였다. 악을 자연발생적인 특징을 갖고 있는 것으로 본 것이다. 장자는 선을 의식적으로 생각해야만 하는 것이나, 악은 의식적인 노력을 하지 않더라도 쉽게 일어나는 속성을 갖고 있다고 보았다.

태공이 착한 일을 보면 목마른 듯이 하라는 것은 비유의 표현방법을 쓴 것이다. 인간의 몸은 수분이 대부분을 차지하고 있다는 점에서 인간과 물은 불가분의 관계에 있다. 생명을 부지하기 위해서라도 인간은 물을 마셔야 하는 것이다. 그러므로 물을 마시는 것은 인간에게 일상적인 일이다. 태공이 착한 일 보기를 목마른 듯이 하라는 것은 결국 목이 말라 물을 마시는 것처럼 착한 일 보기를 일상적이면서 필수적인 일로 인식하라는 것이다. 그래야 선한 일을 보았을 때 욕망하게 되는 것이다.

악한 말을 듣기를 귀머거리처럼 하라는 것은 귀가 들리지 않아

---

6) 莫(막) : '~하지 말라'는 금지사.

7) 援(원) : 당길 원.

8) 馬援(마원) : 후한 사람으로서, 자는 문연이다. 광무제를 도와 티벳족을 정벌하고 남방 교지(交趾)의 반란을 평정하였으며 흉노족을 토벌하는 등 많은 무공을 세웠다.

9) 猶(유) : 오히려 유, 같을 유.

10) 自(자) : 스스로 자, 저절로 자.

반응할 수 없는 것처럼 무관심해야 한다는 것이다. 선한 일은 물을 마시는 것처럼 일상적인 일같이 하고, 악한 말을 듣는 것은 귀가 들리지 않는 것처럼 의식적으로 피해야 함을 말하고 있다. 이러한 마음을 가질 때 악을 보면 경계할 수 있는 것이다.

마원은 선을 행하는 것은 인간이 죽음에 이를 때까지 노력을 하더라도 충분하지 않은 일이라고 하였다. 이것은 선을 행하는 일은 끝이 없음을 말한다. 반면 악은 인간이 살아가는 수많은 날들 중에 단 한번 행한다 하더라도 여지없이 흔적이 남는다고 했다. 선은 행할수록 부족함을 유발한다면, 악은 행할수록 흔적의 산을 쌓아가게 되는 것이다.

선은 생각하는 것으로 시작해서 보는 것을 게을리 하지 말아야 하며 죽을 때까지 끊임없이 행해야만 하는 것이다. 반대로 악은 생각나지 않도록 노력해야 하고 즐겨 하지도 말아야 하며 행하지 않도록 주의를 기울여야 한다. 선은 의식적이면서 부단한 노력을 통해 성취할 수 있는 것이라면, 악은 끊임없는 노력을 통해 저지할 수 있는 것이다. 선악의 이런 특성을 고려해 본다면 선은 선천적으로 타고난 것이라고 보기는 어렵다. 오히려 악이 선천적으로 타고나는 것에 가까워보인다.

이러한 선의 특성을 생각해 보면 우리 사회에서 왜 선행을 행한 사람들에게 존경과 포상이 주어지는지를 이해할 수 있을 것이다. 그들은 우리가 하지 못하는 일을 해낸 사람들이기 때문에 그에 대한 보상을 받는 것이다. 인간의 본성은 이런 점에서 악의 영역에 더 근접해 있다고 할 수 있지 않을까? 훌륭한 사람 혹은 나은 사람이 되는 것은 그러한 악을 어떻게 잘 다스리고 통제하면서 선의 방향으로 나아가게 조율하는 것에 있지 않을까 한다.

선인善人이 되기 위한 조건

우리는 흔히 '누구는 선하다' 혹은 '누구는 악하다'라고 말한다. '누구는 선하다 혹은 악하다'라는 문장 속에 선은 무엇이고, 악은 무엇이다라는 전제가 깔려 있음을 의미한다. 그래서 선함에 해당하는 항목이 있기에 그를 선인이라 하고, 악함에 해당하는 그 무엇인가가 있기에 악인이라 규정하는 것이다. 그렇다면 선인이 되기 위한 조건은 무엇일까?

東嶽聖帝[1]垂[2]訓[3]曰, 一日行善, 福雖未至, 禍自遠矣[4]. 一日行惡, 禍雖未至, 福自遠矣. 行善之人, 如春園[5]之草, 不見其長[6], 日有所增[7]. 行惡之人, 如磨[8]刀

---

1) 東嶽聖帝(동악성제) : 도교의 산신령으로 전해지나 자세하지 않다.
2) 垂(수) : 드리울, 베풀 수.
3) 東嶽聖帝垂訓(동악성제수훈) : 흔히 동악성제의 가르침이 들어 있는 글을 말함.
4) 矣(의) : 추측 또는 미래를 나타내거나 약한 단정을 나타내는 종결어조사. ~일 것이다로 해석.
5) 園(원) : 동산 원.
6) 長(장) : 클 장.
7) 增(증) : 더할 증.

之石，不見其損[9)]，日有所虧[10)].

『明心寶鑑』繼善篇

위 예문은 선한 일을 행하는 사람과 악한 일을 행하는 사람을 비유적으로 표현하고 있다. 선한 일을 행하는 사람은 봄 동산의 풀과 같아 날마다 증가하고, 악을 행하는 사람은 칼을 가는 돌과 같아서 날마다 이지러지는 바가 있다고 했다. 이 표현을 통해 선은 증가하는 속성이 있고, 악은 감소하는 성향이 있음을 알 수 있다.

행위에 대한 증감은 눈에 보일 수 있을 만큼 뚜렷하지 않다고 하였다. 하나의 행위에 대한 결과가 바로 눈앞에 나타나지 않지만, 결과에 대한 성과물이 분명 존재하고, 그 성과물은 어느 순간에 가시화할 수 있는 것으로 변한다는 것이다. 그러므로 보이지 않는다는 것에 너무 연연해서는 안 되고, 보이지 않더라도 존재하고 있고, 결과물이 있다고 생각해야 한다는 것이다.

선악이 증감의 형태로 그 모습을 나타낸다는 것은 주목할 만한 일이다. 그렇다면 선을 행하면 증가하고, 악을 행하면 감소한다는 것은 무엇을 기점으로 증가하고 감소한다고 하는 것일까? 그 기점은 인간이 선악 어느 것도 행하지 않는 상태가 될 것이다. 이 상태를 원형의 상태라고 할 수 있다면, 선을 행한 경우는 원형+선행이라는 형태가 될 것이고, 악을 행한 경우는 원형-악행이라는 결과가 생겨날

8) 磨(마) : 갈 마.

9) 損(손) : 덜 손.

10) 虧(휴) : 이지러질 휴. 이지러진다는 것은 (물건의) 한 부분이 떨어져 없어지는 것을 말한다.

것이다. 선인은 인간 자체를 보존하는 것은 물론이고 선행이라는 업적이 생겨남으로써 인간의 원형이 더욱 풍성해지게 되는 것이다. 반면 악인은 원형 자체를 훼손하는 상태가 된다. 자신의 존재를 제대로 보존하지 못하는 상태로 전락하게 되는 것이다.

이런 점에서 선인은 선행이라는 행적이 있기에 범인凡人보다 뛰어난 인물이 되고, 반대로 악인은 범인보다 못한 인물이 되는 것이다. 우리가 선인에게 찬사를 보내고 존경하는 이유는 바로 이것이다.

그러므로 선인이 되기 위해서는 자신을 보존하는 것은 물론이고, 남들과는 다른 부단한 노력과 업적을 끊임없이 쌓아야만 한다. 이것은 오랜 노력과 시간을 투자해야만 가능한 일이기도 하다. 그렇다면 우리가 흔히 하는 말 중에 '적어도 타인에게 피해를 주지 않는 것이 최선이다'라는 말이 있는데, 앞의 논지와 관련해서 보면 이것은 인간이 어떠한 상태에 있음을 말한 것일까?

죄인이 오래 사는 이유

주위를 둘러보면 자연의 법칙이나 하늘의 법칙에 위배되는 행위를 한 인간들이 버젓이 이 세상을 활보하고 다니는 경우를 종종 보게 된다. 이것은 결국 자연의 법칙이나 하늘의 법칙이 소용없는 것이 아닐까? 하늘의 법칙이 존재함에도 이에 반한 행동을 한 인간들이 현존하는 이유는 무엇일까?

益智[1]書云, 惡鑵[2]若[3]滿, 天必誅[4]之.

『明心寶鑑』天命篇

『익지서益智書』에 의하면 악행을 담는 그릇이 있다고 한다. 그릇은 정도를 측정할 수 있는 도구이다. 악행은 행위라는 면에서 측정이 불가능한 것으로 여겨진다. 옛사람들은 이것을 그릇이라는 도구를 빌려 측정 가능한 것으로 이해했다. 그릇에 내용물이 조금씩 담기면서

1) 智(지) : 슬기, 지혜 지.
2) 鑵(관) : 두레박 관.
3) 若(약) : 만약, 같을 약.
4) 誅(주) : 벨 주.

어느 순간에 채워지듯이 악행 또한 이러한 과정을 반복한다는 것이다. 그러므로 자연의 법칙이나 하늘의 법칙에 위배된 행동을 한 인간들이 우리 시야에 존재하는 시점은 악행이 그릇에 담겨져서 채워지는 과정 중에 있는 것이다.

그렇다면 악행을 저지른 인간이 처벌을 받는 순간은 어느 때일까? 인간이 악행을 반복하고 그것이 그릇에 담겨지면서 더 이상 채울 공간이 없는 그 순간이 하늘에 의해 처벌받는 때이다. 악행을 짓고도 악행에 대한 처벌을 받지 않은 인간이 현존하는 것은 아직 때가 되지 않은 것이다. 때가 되지 않았기에 하늘의 어떤 처벌도 이루어지지 않은 것이다.

때가 있다는 것은 의미하는 바가 크다. 만약 하나의 악행에 대한 처벌이 즉각적으로 이루어진다고 할 때 우리의 세계는 어떻게 될까 상상해보면 끔찍하다. 인간에게는 실수라는 것도 있는데 이것 또한 용납되지 않는다고 하면 이것은 상상만으로도 소름끼치는 일일 것이다. 아마 때가 있다는 것은 악행이 채워지는 과정 속에서 이 악행은 악행이 아닌 다른 행위로 변할 수 있는 가능성이 있음을 의미하는 것일지도 모른다. 자신의 악행을 깨닫고 개과천선하다든가 하는 그런 변화가 생길 수도 있기 때문이다.

그러니까 사람이 잘못하면 잘못을 다그치고 질타하는 것보다 시간을 두고 그것을 지켜봐 주는 너그러움을 가져야 한다고 말하는 것일지도 모른다. 악행을 저지른 인간이 타인일 수도 있지만 나 자신일 수도 있기 때문에 서로가 서로를 너그러움으로 지켜봐 주거나 잘못을 깨달을 수 있는 기회를 준다면 악행에 대한 처벌이 곧 능사는 아닐 것이다.

악인에 대한 처벌은 누가 할까?

악행에 대한 처벌은 때가 있다고 하였다. 그렇다면 처벌은 누구에 의해 행해져야 하는 것일까? 고소설에서 보면 악인에 대한 처벌은 하늘에 의해 이루어지기도 하고, 선인에 의해 이루어지기도 한다.

악행에 대한 처벌은 왜 하늘과 선인에 의해 행해지는 것일까? 처벌은 오히려 악행에 의해 피해를 본 피해자에 의해 이루어져야 하는 것이 아닐까? 다음의 예문이 그 의문을 풀어줄 것이다.

莊子曰, 若[1]人作不善, 得顯[2]名[3]者, 人雖不害, 天必戮[4]之.

『明心寶鑑』天命篇

장자에 의하면 불선을 행한 자는 하늘이 반드시 처벌한다고 하였다.

---

1) 若(약) : 만약, 만약 ~이면.
2) 顯(현) : 드러날, 영달할 현.
3) 顯名(현명) : 세상에 나타난 명성.
4) 戮(륙) : 죽일, 욕될 륙.

'반드시'라는 것은 예외가 없음을 말하고 처벌의 강력함을 의미한다. 처벌은 하늘에게만 부여된 권한이라는 말도 된다. 하늘에게만 이러한 권한이 부여되는 것은 인간이 하늘의 법칙에 위배되는 행위를 했기 때문이다. 물론 불선으로 인한 피해는 인간에게 영향을 미치지만, 하늘이 처벌하는 것은 불선 자체를 문제 삼는 것이다. 하늘의 법칙에 위배된 그 행위를 문제 삼는 것이다.

고소설에는 하늘뿐만 아니라 선인에게도 처벌의 권한이 주어지는 것을 종종 볼 수 있다. 왜 선인에게 이런 권한이 부여되는 것일까? 선인은 범인凡人과는 다른 존재이다. 하늘이 인간과 다른 것처럼 선인 또한 그런 존재이다. 선인은 보통을 뛰어넘는 업적이나 행적을 쌓은 인물이기에 특별한 존재이고, 이 특별함이 하늘의 대리인으로서의 권한을 부여받게 한 것이다. 인간의 양심이 하늘의 법칙을 대신하는 것처럼, 선인 또한 그런 역할을 이어받은 존재가 된 것이다. 그렇기에 선인이 악인을 처벌할 수 있는 것이다. 선인은 하늘의 다른 이름인 셈이다. 행동은 인간에 의해 촉발된 것이지만, 그 행위에 대한 처벌은 인간이 아닌 존재, 특별한 존재에 의해서만 이루어지는 것이다.

불선을 행한 인물을 '인간이 해할 수 없다'는 것은 처벌이 인간의 권한 밖의 일임을 의미한다. 인간이 인간을 처벌하는 것은 인간의 능력이 아닌 것이다. 우리가 인간의 잘못에 대해 처벌하는 것을 당연하게 여기고 그 힘을 행사한 것은 어떤 면에서 월권을 행사한 것이다. 처벌은 인간의 몫이 아니다. 아마 인간에게 부여된 권한이라면 용서가 아닐까?

용서받은 자와 용서받지 못한 자

고소설에서 보면 결말에서 악인이 개과천선改過遷善하는 경우가 있고, 죽음에 이르는 경우가 있는데, 왜 어떤 이는 용서받고 어떤 이는 용서받지 못한 것일까? 인간에게 죄를 짓는 것과 하늘에게 죄를 짓는 것은 그 처벌이 다른가?

獲[1]罪於天, 無所禱[2]也.

『明心寶鑑』天命篇

공자는 인간이 하늘에 죄를 얻었을 때 인간이 인간으로서 이 세상에 존재할 수 없다고 한다. 죄를 지었을 경우 그 죄를 빌고 용서받을 수 있어야 하는데, 하늘에게 죄를 지었을 경우에는 그 죄를 용서해 달라고 빌 곳 자체가 없다는 것이다. 결국 처벌만이 남아 있는 셈이다.

하늘에게 죄를 짓는다는 것은 자연의 이치나 법칙을 거슬렸다는

1) 獲(획) : 얻을 획.
2) 禱(도) : 빌 도, 기도할 도.

것을 의미하고, 용서받을 방법이 없음을 의미한다. 하늘에게는 가혹한 처벌만이 있고 용서의 개념이 없는 것이다. 작품에서 악인들이 죽음에 이른 것은 하늘의 처벌을 받았기 때문이고 용서받지 못했기 때문이다.

이것을 역으로 생각해 보면 인간에게 죄를 지었을 경우 인간을 용서할 수 있는 것은 인간뿐이라는 말도 된다. 인간에게 죄를 지으면 그래도 용서받을 여지가 있는 것이다. 용서는 인간의 몫인 것이다. 고소설에 악인들이 후에 개과천선할 수 있었던 것은 용서받을 수 있었기 때문이다. 인간을 용서하고 이해할 수 있는 존재가 인간이라는 것은 우리가 서로를 왜 보듬어야 하는지를 말해준다.

여섯째 마당

사랑의 실마리

인간만사人間萬事는 남녀男女 문제

남녀 관계는 참으로 아름다운 일이기도 하고, 또 매우 감당하기 어려운 일이기도 하다. 왜 아름다운 일이 되고 또 왜 감당하기 어려운 일이 되는가? 남녀 문제는 어디서부터 시작해서 어디서 끝나는가? 『주역周易』 서괘전序卦傳에 다음과 같은 글이 있다.

> 有天地然後有萬物, 有萬物然後有男女, 有男女然後有夫婦, 有夫婦然後有父子, 有父子然後有君臣, 有君臣然後有上下, 有上下然後禮義有所錯[1].
>
> 『周易』 序卦傳

하늘과 땅은 이 세상이 존재하기 위한 기본 틀이다. 거기에 만물萬物이 존재한다. 만물이 있다면 필연적으로 남녀男女가 있게 마련이다. 암컷과 수컷, 볼트와 너트, 남극과 북극, 플러스와 마이너스. 남녀가 만나서 영속적인 관계를 형성하게 되면 부부夫婦가 된다. 그리고 자식

1) 錯(착) : 섞일 착, 둘 조. 여기서는 '둘 조'의 뜻으로 쓰인 말이다.

子息을 낳으면 부모父母와 자식의 관계가 형성된다. 이 관계를 가정家庭으로부터 국가國家로까지 확대擴大하면 임금과 신하의 관계가 된다. 그리하여 임금은 위에서 보살펴 다스리고, 신하는 아래에서 받들어 사업事業을 성취成就한다. 이러한 상호간의 역할役割 수행遂行을 사회의 전 구성원이 잘 할 수 있도록 하는 문화적 전략이 바로 예의禮義라고 할 수 있을 것이다.

이성異性에게 끌린다면?

처음으로 이성에게 마음이 가던 때를 기억할 것이다. 그 때 나는 어떻게 했었나? 혹 너무 빠져들어서 아무 것도 할 수 없지는 않았는지 혹은 오히려 그 사람을 비난하고 피해 다니지는 않았는지……. 옛 사람들은 이런 때 어떻게 해야 한다고 말하고 있는지 다음 예문들을 살펴보도록 하자.

夷堅志云, 避色如避讐[1], 避風如避箭[2], 莫喫[3]空心茶, 少食中夜飯.

『明心寶鑑』 正己篇

색色은 남성 편에서 성욕을 불러일으키는 대상으로서의 여성을 의미하므로 이를 여성 편에서 이해한다면 성욕을 불러일으키는 남성을 색이라 할 수 있겠다. 즉 색을 경계한다는 것은 곧 성욕의 경계와

1) 讐(수) : 원수, 대답하다, 갚다, 당하다, 바로잡다.
2) 箭(전) : 화살, 대나무 이름, 화살대.
3) 喫(끽) : 마시다, 먹다, 피우다.

맞물려 있는 것이다. 위의 본문에서 '색 피하기를 원수 피하듯이 하라'고 이르고 있는데, 가만히 상상해 보면 우습기 짝이 없다. 멀리서 원수를 보고 번쩍 놀라 마주칠까 두려워 잽싸게 피하는 모습처럼 이성을 대하라니 ……. 아름다운 여자, 멋지고 잘생긴 남자를 만나면 우리는 이렇게 행동해야 하는 것일까? 그렇지 않다면 왜 이렇게까지 비유해서 얘기하고 있는 것일까?

酒不醉人人自醉, 色不迷人人自迷.

『明心寶鑑』 省心篇

정말로 경계해야 할 것은 나에게 성욕을 불러일으키는 대상이 아니라 나 자신의 마음, 욕망이다. 예쁜 여자, 잘 생긴 남자에게 끌리게 하는 것도 나의 마음이고, 그로부터 도망가게 하는 것도 나의 마음이다. 예쁜 여자, 잘 생긴 남자에게 끌려 쫓아다니는 것은 나를 욕망에 내맡긴 것이고, 이를 피하는 것은 나의 욕망을 마주하는 것이 두렵기 때문이다.

『논어論語』 계씨편季氏篇에는 색을 경계해야 하는 때를 "나이가 적어서 혈기가 아직 정해지지 않은 시기[少之時 血氣未定 戒之在色]"로 이야기하고 있다. 이를 보면 한창 이성에 관심을 가지게 되는 젊은이에게 이르고 있는 말임을 알 수 있다. 가르치지 않아도, 노력하지 않아도 이 때가 되면 자신도 모르는 사이에 이성에 눈을 돌리게 된다. 자신의 의지와 무관하게 이성을 향하게 되는 자기 모습을 발견했을 때, 어떤 이는 판단력을 잃고 이에 탐닉하게 되기도 하고, 어떤 이는 죄책감을 느끼고 오히려 지나치게 경직된 모습을 보이기도 한다. 두 가지 다 미숙한 태도라고 할 수 있는데, 아마도 이러한 색에 대한 경계는 생리적이고 자연스런 욕망의 흐름에 압도되어 다른 것은 생각하지 못하게 되는, 전자의 경우를 걱정하고 있는 것이라고 하겠다. 그렇다면 후자의 경우는 어떻게 할 것인가?

余嘗聞老妓露凝香之言曰, 客舍行客, 見妓嬉笑者難犯, 見妓正色者易制.

『於于野談』

위의 글은 후자의 경우에 대한 경계라고 할 수 있겠다. 이성에 대해 지나치게 경직된 반응을 보이는 이의 미숙함을 말하고 있는 것이다. 자신의 성욕에 굴복하지도 않고 그렇다고 지나치게 거부하지도 않는 이상적인 태도는 어떤 것인가? 다음 이야기를 보자.

具英俊者, 大司憲壽聃[4]之子也. 壽聃爲當時名宰, 時論倚毗[5], 英俊酷[6]愛禁府典婢年少, 惰[7]學不避人笑侮[8], 議政李俊慶, 壽聃之友也. 見英俊切責曰, 爾是名家之子, 前道甚遠, 今聞不耻笑侮, 溺[9]愛禁府小

4) 聃(담) : 耼의 속자. 귓바퀴 없다, 주(周)의 나라 이름.
5) 毗(비) : 돕다, 힘을 보태다, 쇠퇴하다, 쓸모없이 되다, 벗겨지다, 떨어지다.
6) 酷(혹) : 독하다, 향기가 짙다, 잔인하다, 심하다.
7) 惰(타) : 게으르다, 삼가지 아니하다, 소홀히 하다.
8) 侮(모) : 업신여기다. 깔보다, 얕보다.
9) 溺(익) : 빠지다, 물에 빠지다, 잠기다.

婢子, 與羅卒 混跡於乃翁衙[10]門, 窃[11]爲小子不取也. 英俊慙拜謝不侮言, 自今以後, 當遵相國敎誨, 絶不更通. 翌日, 遂與婢絶, 後拜相國. 相國曰, 爾今能踐前言乎! 英俊曰, 小生重相國一言, 遂與渠絶, 每一念憧憧[12], 終夜不寐, 遂有一句詩. 相國曰, 願聞之, 其詩曰,

割破百年偕老約,
終宵[13]紅淚[14]欲容舟.

相國大加稱賞曰, 男子當如是也.

(후략)

『於于野談』

이준경이 영준의 시를 듣고 칭찬하면서 '남자는 마땅히 이래야 한다'고 한 말에 주목하자. 여기서 과연 남자는 어떠해야 한다고 말하고 있는 것인가? 어른의 충고를 듣고 과감하게 사랑을 끝낼 수 있는 영준의 자세만을 훌륭하다고 말하고 있는 것은 아닌 듯하다. 영준이 사랑을 끝내겠다는 약속을 잘 지키고 있음을 확인하고도 이준경이 굳이 시를 들어보겠다고 한 까닭을 잘 생각해 보고 이 시의 내용을 잘 음미해 보면 영준이 정말 칭찬을 받는 이유를 알 수 있을 것이다.

---

10) 衙(아) : 마을, 대궐, 모이다, 가다.
11) 窃(절) : 竊(절)의 속자(俗字). 훔치다, 도둑, 몰래.
12) 憧憧(동동) : 마음이 정하여지지 아니한 모양. 憧은 뜻을 정하지 못하다, 그리워하다.
13) 終宵(종소) : 종야(終夜), 밤새.
14) 紅淚(홍루) : 피눈물, 혈루(血淚), 미인의 눈물.

영화나 소설 속에는 모든 것을 내던지는 사랑이 흔히 등장하지만, 현실적으로 우리의 삶 속에서는 모든 것을 버리고 사랑만을 노래할 수도 없다. 그렇다고 사랑을 거부하고 피하는 삶이 반드시 행복할 수도 없고 …….

좋은 반려자를 구하려면?

인간관계는 만남에서 비롯되고, 이성간의 만남은 결연으로 나아간다. 예로부터 좋은 반려자를 구하는 것은 생활의 즐거움과 탄탄한 미래의 발판이었다. 과연 어떤 사람이 좋은 반려자인가? 그 또는 그녀를 어떻게 구할 것인가?

關關雎鳩[1], 在河之洲[2]. 窈窕淑女, 君子好逑[3].

參差荇菜, 左右[4]流之. 窈窕淑女, 寤寐求之.

求之不得, 寤寐思服. 悠哉悠哉, 輾轉反側[5].

---

1) 雎鳩(저구) : 물새의 일종으로, 태어날 때부터 짝이 정해져 있고, 서로 친압하지 않는다는 상서로운 동물이다.

2) 한문에서 河(하)는 주로 黃河(황하)를 가리킨다. 그러므로 황하라고 해석할 수 있다. 洲는 모래톱으로 강기슭을 이른다.

3) 逑(구) : 보통 만나다의 의미를 가지고 있는데, 여기에서는 짝한다라는 의미로 해석된다.

4) 左右(좌우) : 일정한 방향이 없다는 뜻이다.

5) 輾轉反側(전전반측) : 輾은 몸을 뒹굴기를 반쯤 하는 것이고, 轉은 몸을 뒹굴기를 한 바퀴를 하는 것이다. 反은 輾을 지남이요, 側은 轉을 멈춤이니, 모두 누워 있어도 편안하지 않음을 말하는 것이다.

參差荇菜, 左右采之. 窈窕淑女, 琴瑟友之.

參差荇菜, 左右芼之. 窈窕淑女, 鐘鼓樂之.

『詩經』周南 <關雎>

우리들은『시경』<관저> 편을 통해서 좋은 반려자란 허우대 좋고 돈 많은 그런 인물들이 결코 아니라는 것을 확인할 수 있다. 좋은 반려자란 모름지기 덕이 있는 군자와 같은 인물이고, 그윽한 숙녀여야 한다. 군자와 요조숙녀의 짝을 통해서 우리들은 서로 비슷한 경지에 있는 사람들이 어울린다는 것을 생각해 볼 수 있다. 만일, 소인이 요조숙녀를 만난다면, 어떻게 될까. 아마도 소인은 군자로 거듭나지 않을까. 온달은 바보였지만, 평강공주를 만나서 장군이 되지 않았던가!

좋은 반려자를 어떻게 구할 것인가? 원하는 것을 구하는 데 있어 망설임보다는 적극적인 측면이 더 중요하다. <관저>에는 요조숙녀를 구하지 못하자 전전반측하면서 잠 못 이루는 모습이 나타난다. 그리고 종국에는 구해서 여러 가지 악기가 잘 어울리는 것과 같은 모습이 나타난다. 따라서 군자든 요조숙녀든 일단 구애를 펼치기로 작정했다면, 용기를 내야 한다.

기회를 만들려면?

기회는 우연히 얻어지는 것일까? 의도적으로 만들어지는 것일까? 이 두 가지 의문은 모두 정답이다. 그런데 기회의 횟수를 자주 일으키려면, 감나무의 감을 따기 위해서 나무를 흔들듯이 우리가 만들어 내야 한다. 어떻게 만들 것인가?

有狐綏綏[1)], 在彼淇梁[2)]. 心之憂矣, 之子無裳[3)].

有狐綏綏, 在彼淇厲[4)]. 心之憂矣, 之子無帶[5)].

---

1) 綏綏(수수) : 혼자 걸어가면서 짝을 구하는 모양이다.
2) 淇(기)는 물이름이다. 梁(량)은 돌로 물을 건너게 한 것으로, 이른바 돌다리를 말한다. 이 다리가 있으면 치마를 입고 물을 건널 수 있는 것이다. 옛날에 물을 건널 적에는 세 가지 방식이 있는데, 물이 아주 얕으면 신발만 벗고, 조금 깊어서 다리를 적실 것 같으면 옷을 걷어 올리고, 더 깊으면 아예 옷을 벗어서 맨몸으로 건넜다가 건너가서 옷을 다시 입는다.
3) 之子(지자) : 그대, 당신 정도로 해석되는 글자이다. 裳은 흔히 치마 상이라고 하는데, 이것은 오늘날 여자들의 복식인 치마에 한정되는 것이 아니라, 하체에 입는 하의 전반을 말한다.
4) 厲(려) : 건널목으로, 깊은 물을 건널 때에 지나는 곳이다.
5) 帶(대) : 띠로 옷을 단단히 묶는 것이다. 깊은 곳을 건너는 마당이므로 옷을 벗어서 띠로 묶어서 위로 올리고 서서히 건너가는 것이다.

有狐綏綏, 在彼淇側[6]. 心之憂矣, 之子無服[7].

『詩經』衛風 <有狐>

우리들은 『시경』 <유호>를 통해서 기회를 잡으려는 노력에 얄팍한 체면은 불필요하다는 것을 발견할 수 있다. 물을 건너가면서 옷자락을 걷어 올리고, 때론 깊은 물을 건너기 위해서 옷을 벗어서 머리 위로 올려 들고 가고, 심할 경우에는 물살에 옷이 쓸려 가는 불운도 겪어야 한다. 기회를 만들기 위해서는 초지일관初志一貫 굽힘없이 전진해야만 하는 것이다.

6) 측(側) : 기슭에 닿은 것이다.

7) 이미 물기슭에 닿아 건넜는데도 입을 옷이 없으니 걱정이 큰 것이다. 이 대목 때문에 이 시가 다소 음란하다는 평을 받기도 한다.

아낌없이 준다는 것은?

우리 부모님들이 잘 살려고 노력하는 가장 큰 이유는 자식들에게 물려주기 위해서라고 한다. 누군가에게 주기 위해서 살아가는 삶! 아낌없이 주고파 하는 그 마음은 무엇 때문일까?

投我以木瓜, 報之以瓊琚[1]. 匪報也, 永以爲好也.

投我以木桃, 報之以瓊瑤[2]. 匪報也, 永以爲好也.

投我以木李, 報之以瓊玖[3]. 匪報也, 永以爲好也.

『詩經』 衛風 <木瓜>

『시경』의 위풍 <목과>의 주인공은 자신이 좋아하는 사람에게 항상 받은 것보다 더 큰 것, 더 많은 것을 선사하고자 한다. 이렇게 아낌없이 주려는 것은 바로 자신의 사랑이나 호감을 인정받고 싶어하는 소망 때문이다. 인간관계에서 서로의 호감을 확인하고 따뜻한 인정을 주고

---

1) 瓊琚(경거) : 아름다운 옥. 瓊(옥 경), 琚(패옥 거).
2) 瓊瑤(경요) : 아름다운 옥 또는 남이 지어 보낸 시문(詩文)의 미칭(美稱).
3) 玖(구) : 옥돌 구, 검은색의 아름다운 돌.

받으면서 살아가는 삶, 그 삶에 대한 동경은 자기 것을 간직하고 싶다는 소유욕의 굴레도 풀게 만드는 것이다.

남녀의 사랑에 있어서도 아낌없이 준다는 것은 참으로 위대한 것이다. 우리들은 자신의 엄격한 규범에 휩싸여 상대방을 거부한 적은 없었는가? 사실 의도는 좋은 것이었는데도 상대방에게 피해를 준 적은 없었는가? 다음의 이야기를 통해 이런 상황에서 대처하는 두 인물의 유형을 살펴보기로 한다.

(전략)

日將夕, 有一娘子年幾二十, 姿儀殊妙, 氣襲蘭麝, 俄然到北庵, 請寄宿焉, 因投詞曰,

行遲日落千山暮, 路隔城遙絕四隣, 今日欲投庵下宿, 慈悲和尙莫生嗔.

朴朴曰, 蘭若護淨爲務, 非爾所取近, 行矣, 無滯此處, 閉門而入.

娘歸南庵, 又請如前.

夫得曰, 汝從何處, 犯夜而來.

娘答曰, 湛然與太虛同體, 何有往來, 但聞賢士志願深重, 德行高堅, 將欲助成菩提.

因投一偈曰, 日暮千山路, 行行絕四隣, 竹松陰轉邃, 溪洞響猶新, 乞宿非迷路, 尊師欲指津, 願惟從我請, 且

莫問何人, 師聞之驚駭.

謂曰, 此地非婦女相汚, 然隨順衆生, 亦菩薩行之一也, 況窮谷夜暗, 其可忽視歟.

乃迎揖庵中而置之, 至夜淸心礪操, 微燈半壁, 誦念厭厭, 及夜將艾.

娘呼曰, 予不幸適有産憂, 乞和尙排備苫草.

夫得悲矜莫逆, 燭火殷勤, 娘旣産, 又請浴, 弩肹慚懼交心, 然哀憫之情有加無已. 又備盆槽, 坐娘於中, 薪湯以浴之, 旣而槽中之水, 香氣郁烈, 變成金液, 弩肹大駭.

娘曰, 吾師亦宜浴此.

肹勉强從之, 忽覺精神爽凉, 肌膚金色, 視其傍忽生一蓮臺.

娘勸之坐, 因謂曰, 我是觀音菩薩, 來助大師, 成大菩提矣. 言訖不現.

(하략)

『三國遺事』 <南白月二聖 努肹夫得 怛怛朴朴>

위의 이야기는 노힐부득努肹夫得과 달달박박怛怛朴朴이라는 수도승을 주요 인물로 삼고 있다. 이 두 인물 사이에 개입한 한 여인은 어찌보면 유혹과 같은 청을 하게 된다. 절제하고 어떤 여인과도 접촉해서는 안 되는 두 인물에게 하룻밤 묵게 해달라는 것이다.

이랬을 때 달달박박은 "절은 깨끗하게 하기를 힘써야 하는 곳이므로" 여인이 가까이 올 수 없다 하며 일언지하에 거절을 한다. 수도를 하는 승려로서는 뛰어난 절제력을 발휘한 것이기에 칭찬받아 마땅한 것이다. 반면 노힐부득은 자신이 거처하는 곳에 부녀가 더럽혀서는 안 되지만 "중생에 순응하는 것 역시 보살행의 하나"이기에 한밤중에 길을 헤매는 여인을 소홀히 할 수 없었다. 그리고 그 여인을 지극정성으로 해산을 돕고, 목욕을 시켜 주기까지 하였으며, 심지어 그 목욕물에 자신도 부끄럽지만 목욕을 하게 된다. 그 결과 노힐부득은 달달박박에 앞서 대보리를 이루게 된다.

여기서 우리는 '진정한 사랑'의 의미를 찾을 수 있지 않을까? 내 것을 고수하며 선을 긋는 사랑이 아닌, 상대방 것도 내 것인 양 받아들일 줄 아는 사랑이 진정한 사랑의 실마리가 되지 않을까?

일곱째 마당

사랑의 성취

꿈속에서 나눈 사랑

남녀간의 사랑은 아름답기도 하고 애절하기도 하다. 현실계에서 인간과 인간이 나누는 사랑이 정상적이라고 한다면 이계공간異界空間이나 꿈속에서 이루어지는 사랑은 한층 환상적이고 로맨틱한 분위기를 자아낸다. 전국시대 초나라 회왕이 무산의 신녀神女와 나눈 사랑은 동양 사회에서 최고의 환상적인 사랑 이야기로 지금까지 인구에 회자되고 있다. 비구름 속의 몽환적인 사랑의 의미를 되새겨 보자.

昔[1]者先王[2]嘗[3]游[4]高唐[5], 怠[6]而晝[7]寢, 夢見一婦人曰, 妾巫山之女[8]也, 爲高唐之客, 聞君游高唐, 願薦

---

1) 昔(석) : 예, 옛날. 惜(아낄 석), 鵲(까치 작)과 구별.
2) 先王(선왕) : 전국시대 초나라 회왕(懷王)을 지칭. 고당부(高唐賦)는 작가 송옥(宋玉)과 초양왕(楚襄王)이 무산의 고당을 찾아 놀면서 송옥이 옛일을 이야기하는 문답 형식을 띤다.
3) 嘗(상) : 맛보다, 감상하다, 일찍이.
4) 游(유) : 헤엄치다, 놀다. 遊(놀 유)와 통용.
5) 高唐(고당) : 초나라 때 전망 누대 이름.
6) 怠(태) : 게으르다.
7) 晝(주) : 낮, 대낮. 畵(그림 화), 書(글 서)와 구별.
8) 巫山之女(무산지녀) : 무산은 초나라의 지명, 무산의 여선, 산신령. 무산신녀.

枕席[9].

王因幸[10]之, 去而辭曰, 妾在巫山之陽[11], 高丘之岨[12], 旦[13]爲朝雲, 暮爲行雨, 朝朝暮暮[14]陽臺之下.

旦朝視之如言, 故爲立廟[15], 號曰朝雲.

宋玉[16], 『文選』 <高唐賦序>

절승지의 고갯마루 누대에 앉았는데 아득히 구름이 몰려오고, 그 구름이 다시 고개를 넘으면서 비로 바뀌는 무아지경의 상황이다. 이런 경지에다 여행에서 오는 객창감客窓感까지 합쳐지면 선녀를 만남직도 하다. 한 나라를 호령하는 왕일지라도 세속 존재임은 부인할 수 없는데 선계仙界의 여인을 만나 사랑을 나누는 꿈은 환상 그 자체일 것이다. 인간 세상의 부와 권력도 이 경지에서는 하찮은 존재로 전락하고 만다.

『삼국유사』의 조신調信이나 <구운몽>의 성진性眞은 선계의 존재로서 잠시 속계俗界의 쾌락에 빠져들고 무상함을 절감하는 존재들이다. 그에 비해 초나라 회왕은 속계에서 선녀를 만나 그 꿈같은 사랑을

---

9) 薦(천) : 천거하다, 추천하다. 枕(베개 침), 席(자리 석). 薦枕席이란 잠자리를 함께하다, 잠자리 시중을 들다. 줄여서 薦枕(천침)이라고도 한다.

10) 幸(행) : 다행, 사랑하다, 괴다. 倖(사랑할 행), 寵(괼 총)과 구별.

11) 陽(양) : 볕, 햇볕. 山南江北을 陽, 山北江南을 陰. 지명을 붙일 때 사용. 한양(한강북) 巫山之陽 : 무산의 남쪽.

12) 岨(저) : 돌산, 험하다.

13) 旦(단) : 아침. 但(다만 단), 恒(항상 항)과 구별.

14) 朝朝暮暮(조조모모) : 아침마다 저녁마다.

15) 爲立廟(위입묘) : (무산선녀를) 위하여 사당을 세우다. 爲(할 위, 위할 위).

16) 宋玉(송옥) : 전국시대 초나라 사람. 굴원(屈原)의 제자라고도 함. 부(賦)를 많이 지음. 문선(文選)에 고당부(高唐賦), 신녀부(神女賦) 등 6편이 전함.

깨지 않고 길이 간직하고 있어 대조적이라 할 수 있다. 운우지락雲雨之樂을 한 번쯤 꿈꾸어 보는 것은 인간의 진솔한 모습이 아닐는지? 마음속에 꿈같은 사랑을 담고 살아가는 인생이 좀더 행복하지 아니할까?

물고기가 이어준 사랑

지극하고 애절한 사랑은 인간의 도움뿐만 아니라 신이한 힘이나 동물들의 도움으로도 이루어진다. '지성至誠이면 감천感天'이란 말은 현실계에서는 이루어질 수 없는 황당함을 담고 있는 듯하지만 다음 이야기에서 그 징험함을 확인할 수 있다. 이 이야기는 『고려사高麗史』 악지樂志 고구려조高句麗條에 명주곡의 배경 고사로 수록되어 있다. 그 원문을 살펴보자.

世傳, 書生[1]遊學至溟州[2], 見一良家女, 美姿色頗[3]知書. 生每以[4]詩挑[5]之, 女曰, 婦人不妄[6]從[7]人. 待[8]

---

1) 書生(서생) : 아직 벼슬에 나가지 못하고 공부하는 사람. 요즘의 학생(學生)과 같은 개념.
2) 溟州(명주) : 지금의 강릉지역을 이름. 溟(바다, 어두울 명). 州(고을 주).
3) 頗(파) : 자못, 매우, 약간 파.
4) 以(이) : ~써, ~로써, ~부터, 까닭.
5) 挑(도) : 뛰다, 꾀다, 유혹하다.
6) 妄(망) : 허망하다, 망령되다. 거짓되다.
7) 從(종) : 좇다, 나아가다. 縱(늘어질 종), 徒(무리 도), 徙(옮길 사), 涉(건널 섭)과 구별.
8) 待(대) : 기다리다. 侍(모실 시), 持(가질 지), 恃(믿을 시)와 구별.

生擢第[9], 父母有命, 則事可諧矣.

生卽歸京師[10]習擧業[11], 女家將[12]納壻[13].

女平日臨池養魚, 魚聞謦咳聲[14], 必來就食.

女食魚謂曰, 吾養汝久, 宜知我意.

將帛[15]書投之, 有一大魚, 跳躍含[16]書, 悠然[17]而逝[18].

生在京師, 一日爲父母, 具饌市魚而歸剝[19]之, 得帛書驚異.

卽持帛書及父書, 徑[20]詣女家, 壻已[21]及門矣.

生以書示女家, 遂歌此曲[22].

父母異之曰, 此精誠所感, 非人力所能爲也.

遣[23]其壻而納生焉.

『高麗史』第71卷 樂志

---

9) 擢第(탁제) : 과거에 뽑히다, 급제(及第)하다. 擢(뽑을 탁), 第(차례, 등급 매길 제).
10) 京師(경사) : 서울. 이 글의 배경은 고구려이므로 평양(平壤).
11) 擧業(거업) : 과거 공부를 말함. 擧(들, 거용할 거), 業(일, 공부 업).
12) 將(장) : 장수, 장차. 여기서는 '장차 ~하려 하다'로 해석.
13) 納壻(납서) : 사위를 들이다. 納(들일 납), 壻(사위 서). 婿는 壻와 같은 글자.
14) 咳聲(해성) : 웃는 소리, 기침 소리, 전하여 목소리를 말함. 咳(방긋 웃을, 기침할 해).
15) 帛(백) : 비단. 錦(비단 금)과 구별.
16) 含(함) : 입에 머금다.
17) 悠然(유연) : 한가한 모양, 서두르지 않고 침착한 모양. 悠(멀, 근심할, 한가할 유).
18) 逝(서) : 가다, 죽다.
19) 剝(박) : 껍질을 벗기다.
20) 徑(경) : 지름길, 빨리 가다. 經(날, 길, 지날, 책 경), 輕(가벼울 경)과 구별.
21) 已(이) : 이미, 말다, 그치다. 己(자기, 몸, 여섯번째천간 기), 巳(뱀, 여섯번째지지 사)와 구별.
22) 此曲(차곡) : 이 노래, 명주곡(溟州曲)을 이름. 『고려사』에 노랫말은 전하지 않고 이

서울 서생과 명주 처녀가 시로써 사랑을 확인한다. 처녀는 현명하여 가벼이 허락하지 않고 서생의 급제와 부모의 허락을 요구한다. 자칫 서울 서생과 시골 처녀의 스치는 사랑 놀음으로 끝날 것을 염려한 것이다. 그러면서도 마음속으론 서생의 사랑을 받아들여 지극하게 간직하고 있다. 서생 역시 처녀의 사랑을 믿고 학업에 열중한다.

그러나 다른 곳으로 시집갈 위기에 처한 처녀는 자신의 애절함을 적어 정성껏 키워온 물고기에게 던져 사랑을 성취한다. “이것은 정성이 감동한 바이지 사람의 힘으로 능히 할 수 있는 바가 아니다”고 한 처녀 부모의 말에서 처녀가 간직했던 사랑의 위대함을 느낄 수 있다. 쉽게 만나고 가볍게 잊어버리는 애정 세태에 경종을 울리는 이야기로 보인다. 『삼국사기』에 나오는 설씨녀가 가실을 기다린 심중이나 <춘향전>의 춘향이 이도령을 기다린 심중도 이와 같았을 것이다. 천지만물까지 감동시키는 지극한 사랑을 간직하고 사는 우리 민족의 열정은 얼마나 위대한 것인가!

고사만 전함.

23) 遣(견) : 보내다, 놓아주다. 遺(끼칠, 전할 유)와 구별.

꿈은 이루어질까?

우리들이 꾸는 소망이 모두 이루어진다는 것은 불가능하다. 그리고 꿈, 소망이 전혀 이루어지지 않았다면, 아무도 꿈꾸려 하거나, 바라지 않을 것이다. 그러나 꿈은 이루어지고, 소망은 채워지며, 우리들은 언제나 꿈을 꾸고, 바라는 것이 무엇인지를 생각한다. 과연 꿈과 소망이 허와 실의 저울질에 굴하지 않고 이루어질 수 있는 것일까?

本寺遣僧調信, 爲知莊[1]. 信到莊上, 悅太守金昕之女. 感之深, 屢就洛山大悲前, 潛祈得行. 方數年間, 其女已有配矣. 又往堂前怨大悲之不遂已, 哀泣至日暮, 情思倦憊, 俄[2]成假寢. 忽夢金氏娘容豫入門 粲然啓齒[3]而謂曰, 兒早識上人於半面, 心乎愛矣. 未嘗暫忘,

1) 지장(知莊) : 절에 속한 장원(莊園)의 관리인을 말한다. 조신이 속한 절은 세규사(世逵寺)로 알려져 있다.
2) 俄(아) : 갑자기, 기울다의 뜻이다.
3) 粲然啓齒(찬연계치) : 빛날 찬(粲), 그럴 연(然), 열 계(啓), 치아 치(齒). 粲然啓齒는 치아를 드러내고 활짝 웃는 모습을 말한다.

迫於父母之命, 强從人矣, 今願爲同穴之友[4], 故來爾.
信乃顚喜, 同歸鄕里. 計活四十餘霜, 有兒息五.

『三國遺事』卷三 塔像 第四, <調信>

우리들은 『삼국유사』에 수록된 <조신>의 이야기에서 전혀 이루어질 것 같지 않은 꿈의 성취를 발견한다. 승려 조신은 아름다운 여인을 탐해서는 안 되지만 탐했고, 그 여인과의 결혼까지도 가능하게 된다. 비록 그것이 꿈인지 현실인지 모호한 상태에서 일어난 것이지만……. 우리는 조신의 이야기를 통해서 꿈을 꾼다는 것, 소망을 품는다는 것이 전혀 그렇게 하지 않는 일보다 얼마나 소중한 것인지 되새기게 된다.

4) 동혈지우(同穴之友) : 부부를 말한다.

노래 하나로 꿈을 이룬 남자 : 시와 노래의 힘

노래는 엄청난 에너지를 지닌다. 그것을 알기에 과거 역사를 통해서도 드러나듯 옛 성인들은 '음악音樂'을 통한 교화에 힘을 쏟았다. 그 옛날 신라 사람들은 노래를 통해 사람을 변화시킬 수 있는 힘은 물론이거니와 하늘과 땅 심지어 귀신鬼神마저도 감동시킬 수 있다고 믿었다. 그만큼 노래에는 정해진 가사와 곡조 이상의 무언가가 응축되어 있다. 그것은 말보다 절실하고, 글보다 핍진한 정서情緖가 그대로 베어 있기 때문일 것이다. 그 주인공의 이야기를 통해 노래가 지닌 힘이 얼마나 대단한지 살펴보자.

第三十武王名璋, 母寡居, 築室於京師南池邊, 池龍交通而生. 小名薯童, 器量難測. 常掘薯蕷, 賣爲活業, 國人因以爲名. 聞新羅眞平王第三公主善花(一作善化)美艷無雙, 剃髮[1]來京師, 以薯蕷餉閭里羣童, 羣童親附

1) 剃髮(체발) : 머리 깎는 것을 의미한다.

之, 乃作謠誘群童而唱之云,「善化公主主隱, 他密只稼良置古, 薯童房乙, 夜矣卯乙, 抱遣去如.」童謠滿京, 達於宮禁, 百官極諫, 竄[2]流公主於遠方, 將行, 王后以純金一斗贈行, 公主將至竄所[3], 薯童出拜途中, 將欲侍衛而行. 公主雖不識其從來, 偶爾信悅, 因此隨行, 潛通焉. 然後知薯童名, 乃信童謠之驗, 同至百濟, 出母后所贈金, 將謀計活. 薯童大笑曰, 此何物也? 主曰, 此是黃金, 可致百年之富. 薯童曰, 吾自小掘薯之地, 委積如泥土. 主聞大驚曰, 此是天下至寶, 君今知金之所在, 則此寶輸送父母宮殿何如? 薯童曰, 可. 於是聚金, 積如丘陵, 詣龍華山師子寺知命法師所, 問輸金之計, 師曰, 吾以神力可輸, 將金來矣. 主作書, 并金置於師子前. 師以神力, 一夜輸置新羅宮中, 眞平王異其神變, 尊敬尤甚, 常馳書問安否. 薯童由此得人心, 卽王位. 一日, 王與夫人, 欲幸師子寺, 至龍華山下大池邊, 彌勒三尊出現池中, 留駕致敬. 夫人謂王曰, 須創大伽藍於此地, 固所願也. 王許之. 詣知命所, 問塡池事, 以神力一夜頽山塡池爲平地, 乃法像彌勒三, 會(尊)殿塔廊廡各三所創之, 額曰彌勒寺(國史云 王興寺). 眞平王遣百工助之, 至今存其寺.(三國史

---

2) 竄(찬) : 귀양 보낼 찬.
3) 竄所(찬소) : 유배지를 뜻한다.

云, 是法王之子, 而此傳之獨女之子, 未詳.)

『三國遺事』 紀異 <武王>

인용문에 드러나듯 서동은 노래를 통해 자신에게 작용했던 신분적 한계를 넘어설 수 있었다. 노래가 지니고 있는 힘은 이처럼 한 사람의 운명을 바꾸어 놓을 수 있는 것이다. 물론 여기에는 노래말고도 서동의 지략智略과 다양한 요소들이 작용한 결과이겠으나 어쨌든 서동의 운명을 바꾸는 데 있어서는 <서동요> 또한 큰 힘을 발휘하고 있음은 부인할 수 없는 것이다.

여덟째 마당

시련 속에 이룬 사랑

바닷물이 이어준 사랑

남녀간에 아름다운 사랑을 유지하는 데에는 장애요소가 존재할 때가 많다. 두 사람의 사랑을 시샘하여 방해꾼이 끼어들기도 하고, 여자의 미모가 빼어나서 권력을 가진 남자가 강탈하는 모습도 찾아볼 수 있다. 그렇다면 두 사람의 지고지순한 사랑은 무도한 권력 앞에 무너져 버리고 마는 것인가? 우리 역사서에는 권력에 맞서 굳게 사랑을 지켜온 여인들의 사랑 이야기가 몇 편 전한다. 다음은 『고려사』 악지 고려조 <예성강곡>에 전하는 애달픈 사랑 이야기이다.

昔有唐商[1]賀頭綱, 善棋[2]. 嘗至禮成江[3], 見一美婦人, 欲以棋賭[4]之, 與其夫棋. 佯[5]不勝, 輸物倍[6]. 其夫

---

1) 唐商(당상) : 중국 상인, 당나라 상인.
2) 善棋(선기) : 바둑을 잘 두다. 善(착할, 잘할 선), 棋(바둑 기).
3) 禮成江(예성강) : 개성 서쪽 30리에 있는 강. 고려가 송나라에 조회할 때, 여기서 배를 띄우기 때문에 예성(禮成)이라 함.
4) 賭(도) : 걸다, 노름, 도박하다.
5) 佯(양) : 거짓, ~한 체하다.
6) 輸物倍(수물배) : 물품을 배로 주다. 輸(보낼 수, 질 수, 내기 걸 수), 倍(곱 배).

利之, 以妻注[7], 頭綱一擧賭之. 載[8]舟而去, 其夫悔恨, 作是歌.

世傳, 婦人去時, 粧束甚固[9], 頭綱欲亂之, 不得.

舟至海中, 旋[10]回不行. 卜[11]之曰, 節婦所感, 不還其婦, 舟必敗. 舟人懼[12], 勸頭綱還之. 婦人亦作歌 後篇是也.

『高麗史』第71卷 樂志

하두강이라는 중국 상인이 예성강 포구에서 어여쁜 부인을 보고 탐욕을 드러낸 사건과 관련하여 예성강곡이라는 노래가 고려시대에 불렸다는 이야기이다. 가난 속에서도 단란하게 지내던 부부 사이에 돈을 가진 상인이 개입하여 여인을 강탈하려고 한다. 가난이라는 약점을 엿보고 내기 바둑을 두어 일부러 져주는 저급한 술수까지 부리는 가운데, 순진한 부부에게는 이별이라는 시련이 닥친다.

남편은 재물에 눈이 어두워 잠시 아내에 대한 사랑을 잊었으나 아내는 간절한 사랑을 줄곧 간직하여 무도한 중국 상인에게 대항한다. 그 결과로 배가 바다 물길에 맴돌고 나가지 못하는 징험을 보였다. "정절 있는 부녀가 신명을 감동시킨 탓이라"는 점괘가 여인의 애절하

---

7) 以妻注(이처주) : 아내를 내기에 걸다. 아내로써 걸다. 注(물댈 주, 걸 주).
8) 載(재) : 싣다.
9) 粧束甚固(장속심고) : 꾸미고 묶기를 매우 단단하게 하다. 粧(단장할 단), 束(묶을 속), 甚(심할 심), 固(굳을 고).
10) 旋(선) : 돌다.
11) 卜(복) : 점, 점치다.
12) 懼(구) : 두려워하다, 위태롭게 여기다.

고도 지극한 사랑을 대변해 준다.

권력 앞에 사랑을 위협받는 이야기는 『삼국사기』의 <도미열전>에서도 찾을 수 있다. 무도한 백제 개루왕이 도미의 아내를 탐내어 도미를 가두어 두고 도미 아내의 정절을 시험하지만 그녀는 기지를 부려 왕의 탄압에서 벗어나고 남편에 대한 사랑을 지킨다. 돈과 권력 앞에 쉽게 무너지는 것이 나약한 인간의 모습이라지만 지고지순한 사랑을 간직한 여성들에게는 그 마수를 뻗칠 수 없는 것이다.

지금은 노래가 전하지 않지만 간계에 빠져 잠시 아내에 대한 사랑을 망각한 남편의 처절한 <예성강곡> 전편과 끌려가던 아내가 돌아오면서 부른 피눈물 나는 <예성강곡> 후편이 귓가에 맴도는 듯하다.

죽어서 이룬 애절한 사랑

부부 사이의 정이 어디까지 이어질 수 있을까? 사랑을 시작할 땐 목숨을 걸고 맹세하지만 그 정이라는 것이 너무도 가벼워 잠시 잠깐 사이에 결별을 말하는 것이 요즘 세태이다. 사랑하는 이가 죽으면 따라 죽는다는 순애殉愛 이야기는 전설 속에서나 허황되게 나올 것 같지만 사랑이 지극하여 죽어서도 떨어지지 못한 부부 이야기가 다음에 있다.

宋康王[1)]舍人[2)]韓憑[3)], 娶妻[4)]何氏美, 康王奪之. 憑怨, 王囚之, 論爲城旦[5)]. 妻密遺憑書, 繆[6)]其辭曰, 其雨淫淫, 河[7)]大水深, 日出當[8)]心. 旣而王得其書, 以示左

1) 宋康王(송강왕) : 전국시대 송나라 군주로 포악하였다. 재위 B. C. 318~286년.
2) 舍人(사인) : 한 집안의 잡무를 맡은 사람, 궁중에서 숙직하며 보살피는 벼슬.
3) 憑(빙) : 기대다, 붙다.
4) 娶妻(취처) : 아내를 삼다, 아내에게 장가들다. 娶(장가들 취).
5) 城旦(성단) : 고대 중국에서 축성과 방어의 일을 행하게 하는 형벌.
6) 繆(무) : 얽다, 잘못하다, 속이다.
7) 河(하) : 물, 강. 여기서는 황하(黃河)를 지칭.
8) 當(당) : 당하다, 맡다, 마땅하다, 덮다.

右, 左右莫解其意.

臣蘇賀對曰, 其雨淫淫, 言愁且思也. 河大水深, 不得往來也. 日出當心, 心有死志也.

俄[9]而憑乃自殺. 其妻乃陰腐其衣[10]. 王與之登臺, 妻遂自投臺. 左右攬[11]之, 衣不中手而死.

遺書於帶[12]曰, 王利其生[13], 妾利其死. 願以屍骨, 賜憑合葬.

王怒弗[14]聽, 使里人埋之, 冢相望也.

王曰, 爾[15]夫婦相愛不已, 若能使冢合, 則吾弗阻[16]也.

宿夕之間[17], 便[18]有大梓[19]木生於二冢之端, 旬日[20]而大盈抱, 屈體相就, 根交於下, 枝錯於上[21].

又有鴛鴦雌雄[22]各一, 恒棲[23]樹上, 晨夕不去, 交頸悲鳴, 音聲感人.

---

9) 俄(아) : 갑자기, 잠시.
10) 陰腐其衣(음부기의) : 몰래 그 옷을 썩히다. 陰(그늘 음, 몰래 음), 腐(썩을 부).
11) 攬(람) : 잡다, 손에 쥐다.
12) 帶(대) : 띠, 허리에 차다.
13) 王利其生(왕리기생) : 왕은 사는 것이 이롭다.
14) 弗(불) : 아니다. 不(아니 불)과 통용.
15) 爾(이) : 너(汝, 女, 而).
16) 弗阻(부조) : 막지 않겠다. 阻(험할 조, 떨어질 조, 막을 조).
17) 宿夕之間(숙석지간) : 하룻밤 사이에, 짧은 시간을 말함. 宿(잠잘 숙).
18) 便(변) : 문득, 곧. 便(편할 편, 소식 편)과 구별.
19) 梓(재) : 가래나무, 목수, 판목.
20) 旬日(순일) : 열흘 만에.
21) 枝錯於上(지착어상) : 가지가 위에서 얽히다. 錯(얽힐 착, 섞일 착).
22) 雌雄(자웅) : 암수 한 쌍. 雌(암컷 자), 雄(수컷 웅).
23) 棲(서) : 살다, 깃들다.

宋人哀之，遂號其木曰相思樹.

『搜神記』 卷11 <相思樹>

중국 고대의 신이한 이야기를 모아둔 『수신기』에 <상사수相思樹>라는 제목으로 전하는 이 이야기는, 권력에 희생되어 살아서는 이루지 못한 사랑을 죽어서 이룬 사연이다. 왕이라는 권력 앞에서 무참히 깨져 버린 사랑을 보고 여인은 죽음을 작정한다. 남편에게 뜻을 전하자 그 남편은 먼저 자결하고, 여인은 남편을 만나러 갈 준비를 은밀히 한다. 옷을 썩히어 누대에서 투신하겠다는 아주 치밀한 계획이다. 결국 마음대로 죽을 수도 없는 상황에서 무도한 왕에게 항거하여 여인은 누대에서 몸을 던져 남편에게로 가는 애절함을 보인다.

그런데 이야기는 여기서 끝나는 것이 아니라 죽어서라도 함께 묻히고 싶다는 소망이 문제가 된다. 여인에게 농락당했다는 기분이 들었던지 왕은 여인의 마지막 소원도 무시하고 부부의 무덤을 거리를 두고 마주하게 만든다. 결국 두 사람의 사랑은 두 그루 가래나무로 싹터서 가지와 뿌리가 서로 얽히는 징험을 보인다. 그리고 원앙 한 쌍이 밤낮으로 깃들어 화락한 모습을 보이기까지 한다. 이승에서 이루지 못한 사랑을 저승에서 이룬 것이다. 뒷사람들은 이렇게 가지가 서로 연결되어 붙은 나무를 연리지連理枝라 하고, 날개 하나씩이 서로 붙은 한 쌍의 원앙새를 비익조比翼鳥라 하여, 부부의 정을 나타내고 있다.

양산백이 축영대를 잊지 못해 무덤 속으로 끌어들인 <양산백전> 이야기나, 전란에 남편 이생과 이별하고 죽임을 당해 원혼으로 와서 머물다간 <이생규장전>의 최씨녀 이야기도 살아서 이루지 못한 사랑을 죽어서까지 이어가는 애절한 사랑의 한 모습이다.

첫 마음은 변치 않는다

사람은 처한 환경에 따라 인간관계를 바꾼다. 미천할 때 사귄 친구는 신분이 높아지면 잊기 쉽고, 가난할 때 만난 아내를 부유해지면 버리는 것이 시속이 되었다. 통속소설이나 드라마에서 그려지는 남자의 배신 행위는 우리 사는 모습의 반영이 아니겠는가.

믿음을 바탕에 깔고 유지되는 인간관계가 얼마나 가치 있는지를 후한 송홍의 일화를 통해 알아보자.

時帝[1]姊[2]湖陽公主新寡[3], 帝與共論朝臣, 微[4]觀其意. 主曰, 宋公威容德器, 群臣莫[5]及[6]. 帝曰, 方[7]且圖[8]之.

---

1) 帝(제) : 후한 광무제. 서기 25~57년 재위.
2) 姊(자) : 손위누이, 누나. 姉는 姊의 속자(俗字).
3) 寡(과) : 과부, 적다.
4) 微(미) : 작다, 은밀하다.
5) 莫(막) : 없다, 말다. 금지어와 부정어로 '말다', '없다', '못하다' 등으로 해석됨.
6) 及(급) : 미치다, 다다르다. 乃(이에 내)와 구별.
7) 方(방) : 모. 여기서는 '바야흐로'로 해석.
8) 圖(도) : 그림, 그리다, 꾀하다. 여기서는 '꾀하다, 도모하다'로 해석.

後弘被[9]引見, 帝令主坐屛風後. 因[10]謂弘曰, 諺[11]言貴易[12]交, 富易妻, 人情乎?

弘曰, 臣聞[13]貧賤之知[14]不可[15]忘, 糟糠之妻[16]不下堂.

帝顧[17]謂主曰, 事不諧[18]矣.

『後漢書』卷26 <宋弘傳>

조糟는 술지게미를 말한다. 강糠은 쌀겨를 말한다. 술을 담가 걸러 먹고 남은 지게미는 가축의 먹이로 쓰든지 아니면 하수구에 버린다. 쌀겨 역시 가축의 먹이로 쓴다. 끼니가 없어서 가축이나 먹는 술지게미와 쌀겨를 먹고 고생한 아내를 '조강지처'라고 한다.

고통을 견디고 사회적 · 경제적인 성공을 이룬 사람들은 자신을 둘러싼 환경을 돌아보게 된다. 시속에 젖어 사는 보통 사람들은 사회적으로 성공하면 사귀는 친구를 바꾸고, 경제적으로 부유해지면 아내를 바꾼다고 광무제는 송홍을 떠본다. 송홍은 단호하게 자신의 입장을

---

9) 被(피) : 입다, 입히다로 피동의 의미. 引(끌 인). 被引(피인)은 이끌려 가다, 불려 가다.
10) 因(인) : 인하다, 때문이다. 困(괴로울 곤), 囚(가둘 수)와 구별.
11) 諺(언) : 상말, 諺言(언언) : 속담, 상말.
12) 易(역) : 바꾸다. '쉽다'의 의미일 때는 '이'로 읽음.
13) 聞(문) : 듣다. 問(물을 문), 間(사이 간)과 구별.
14) 貧賤之知(빈천지지) : 가난하고 천할 때의 친구. 知는 '알다'의 뜻이지만 여기서는 친구로 해석.
15) 可(가) : 옳다, 가하다. '할 수 있다'로 해석. 不可(불가)는 할 수 없다, 不可忘(불가망)은 잊을 수 없다.
16) 糟(조) : 재강, 지게미. 糠(강) : 겨. 糟糠(조강)은 술지게미와 쌀겨, 곧 변변하지 않은 음식의 비유.
17) 顧(고) : 돌아보다.
18) 諧(해) : 화하다, 잘 이루어지다.

밝힌다. 빈천지지불가망, 조강지처불하당이라고. 지조가 있는 사내임에 틀림없다.

입버릇처럼 '조강지처를 박대하면 안 된다'는 말을 듣는다. 이 두 가지 덕목은 동양사회에서 남자가 지켜야 할 기본적인 윤리로 자리매김한 것이다. 칠거지악七去之惡[19]에 해당하여 이혼을 당할 입장에서, 그것을 변론하는 삼불거三不去[20] 중 하나의 항목으로 조강지처가 자리하고 있는 것을 보면 알 수 있다.

인간관계에서 부모와 자식, 형제는 피로 맺어진 사이라고 하여 천륜이라고 말한다. 그것을 제외하고 사람이 살면서 가장 가까운 사이는 배우자와 친구일 것이다. 이 두 가지 경우는 인륜으로 통제해야 할 가장 중요한 관계이므로 이 고사는 과거에도, 현재의 생활에도 강한 통제력을 갖는 윤리 덕목으로 위상을 갖는다.

19) 칠거지악 : 부모에 공손하지 않으면 보낸다[不順父母去], 자식이 없으면 보낸다[無子去], 음란하면 보낸다[淫去], 투기가 심하면 보낸다[妬去], 고칠 수 없는 병이 있으면 보낸다[有惡疾去], 말이 많으면 보낸다[多言去], 도둑질을 하면 보낸다[竊盜去]

20) 삼불거 : 돌아갈 친정이 없으면 보내지 못한다[有所取無所歸不去], 부모 삼년상을 함께 하면 보내지 못한다[與更三年喪不去], 처음 만났을 때 가난하고 천하였으나 뒤에 부유해지고 귀해지면 보내지 못한다[前貧賤後富貴不去]

이별의 상처를 치유하고 극복하려면?

남녀간의 사랑은 항상 행복한 결말을 맺는 것은 아니다. 서로 한없이 사랑하는 듯하다가도 여러 가지 이유로 헤어지게 되고, 이렇게 이루어지지 못한 사랑은 쓰라린 상처를 남긴다. 이러한 이별 또는 실연失戀의 고통에서 벗어나 상처를 치유하기 위해 우리는 어떻게 해야만 할까? 중국 『문선』 '고시십구수古詩十九首'로 실려 있는 다음 시를 보도록 하자.

行行重行行
與君生別離
相去萬餘里
各在千一涯[1]
道路阻[2]且長
會面安可知

---

1) 涯(애) : 물가, 끝, 가. 여기서는 '가 애'의 뜻으로 쓰임.
2) 阻(조) : 험하다, 멀다, 막히다. 여기서는 '막힐 조'의 뜻으로 쓰임.

胡馬依北風

越鳥巢[3)]南枝

相去日已遠

衣帶日已緩[4)]

浮雲蔽[5)]白日

遊子不顧返

思君令人老

歲月忽已晩[6)]

棄[7)]捐[8)]勿復道[9)]

努力加餐[10)]飯

『文選』

우리는 이별이나 실연의 고통을 줄이기 위해 여러 가지 방어적 수단을 강구한다. 이별하게 된 원인을 상대방의 탓으로 돌리고 그 사람을 한없이 원망하기도 하고, 한때 사랑했던 상대방이 별로 매력적이지 않다거나 결점이 많은 사람이라고 비하시킴으로써 실연의 아픔을 감소시키려고 하기도 한다. 또 헤어진 사람과의 관계가 진정한

3) 巢(소) : 집, 보금자리를 짓다, 깃들다, 모이다. 여기서는 '깃들 소'의 뜻으로 쓰임.
4) 緩(완) : 늘이다, 느슨하다, 늦추다. 여기서는 '느슨할 완'의 뜻으로 쓰임.
5) 蔽(폐) : 덮다, 싸다, 숨기다, 막다, 가리다. 여기서는 '가릴 폐'의 뜻으로 쓰임.
6) 晩(만) : 저물다, 늦다, 해질무렵, 끝. 여기서는 '저물 만'의 뜻으로 쓰임.
7) 棄(기) : 버리다, 그만두다, 폐하다. 여기서는 '버릴 기'의 뜻으로 쓰임.
8) 捐(연) : 버리다, 없애다, 주다, 바치다, 내놓다. 여기서는 '버릴 연'의 뜻으로 쓰임.
9) 道(도) : 길, 이치, 근원, 말하다. 여기서는 '말할 도'의 뜻으로 쓰임.
10) 餐(찬) : 먹다, 음식물, 찬, 밥. 여기서는 '밥 찬'의 뜻으로 쓰임.

사랑은 아니었다고 평가절하하기도 하며, 이별하자마자 재빨리 다른 이성과 애정관계를 맺어 도피하는 방법을 택하기도 한다. 그러나 이러한 방법들은 궁극적으로 우리의 정신을 황폐하게 만들 뿐이다.

위 시에 따르면 이별의 고통을 극복하고 성숙의 단계로 나아가기 위해서는, 일단 이별의 아픔을 받아들이고 인정하는 것이 필요하다고 한다. 흔히 통곡을 하고 나면 슬픔이 진정되듯이, 사랑의 상처도 이별의 고통을 충분히 느끼고 아픔을 겪은 후에야 아물기 시작한다는 것이다. 이러한 노력 속에 시간이 흘러가고, 이별이나 실연의 아픔을 극복하는 과정에서 우리는 자기 자신에 대한 여러 가지를 반성하게 된다. 위 작품은 이러한 과정을 통해서 인격적으로 성숙하게 된다는 것을 우리에게 일깨워준다.

사실 사랑이란 묘한 것이다. 우리에게 행복감과 기쁨에 젖게 하지만, 다른 한편으로 많은 갈등과 고뇌 속으로 몰아넣는다. 사랑이 그토록 강렬한 기쁨을 줄 수 있는 것도 어쩌면 그 이면에 있는 지독한 괴로움 때문인지 모른다. 특히 서로 뜨겁게 사랑하다가 헤어지게 된 경우, 이루지 못한 사랑은 우리에게 아픈 상처를 남긴다. 사람에 따라 정도의 차이는 다르겠지만, 실연은 어느 누구에게든 고통스러운 상처를 남긴다. 실연의 괴로움으로부터 벗어나기 위해 전혀 상관이 없는 다른 곳으로 정신을 몰두하려는 노력을 쏟아보기도 하지만, 무조건 피하려고만 하면 오히려 한꺼번에 더 큰 상처를 받게 될 수도 있다. 이러한 경우에는 어느 정도 주의를 다른 데로 돌림과 동시에, 그에 대해 편안하게 생각해 보도록 도와줄 수 있는 노래가 필요하다. 견딜 수 있는 만큼의 마음으로 조금씩 그 문제에 접근해 가는 것이다.

日暮遊西園

冀[11]寫[12]憂思情

曲池揚[13]素波

列樹敷[14]丹榮

上有特棲[15]鳥

懷春[16]向我鳴

褰[17]衽[18]欲從之

路險不得征

徘[19]徊[20]不能去[21]

佇[22]立望爾形

風飄[23]揚塵起

白日忽已冥

回身入空房

托[24]夢通精誠[25]

---

11) 冀(기) : 바라다.
12) 寫(사) : 베끼다, 옮겨놓다, 없애다, 쏟다. 여기서는 '쏟을 사'의 뜻으로 쓰임.
13) 揚(양) : 오르다, 날다, 흩날리다. 여기서는 '날릴 양'의 뜻으로 쓰임.
14) 敷(부) : 펴다, 공포하다, 진술하다. 여기서는 '펼 부'의 뜻으로 쓰임.
15) 棲(서) : 살다, 머무르다, 깃들다, 집, 보금자리. 여기서는 '깃들 서'의 뜻으로 쓰임.
16) 懷春 : 춘정(春情 = 春心 ; 짝을 구하는 마음)을 품다.
17) 褰(건) : (옷자락을) 추어 올리다, 들다, 걷다. 여기서는 '걷을 건'의 뜻으로 쓰임.
18) 衽(임) : 옷자락.
19) 徘(배) : 노닐다, 어정거리다. 여기서는 '어정거릴 배'의 뜻으로 쓰임.
20) 徊(회) : 노닐다, 어정거리다. 여기서는 '어정거릴 회'의 뜻으로 쓰임.
21) 不能去(불능거) : 헤어진 자리를 떠나지 못함.
22) 佇(저) : 우두커니 서다, 기다리다. 여기서는 '우두커니 저'의 뜻으로 쓰임.
23) 風飄(풍표) : 바람이 회오리바람치다. (혼란스러운 마음 상태의 객관적 상관물)

人欲天不遠

何懼26)不合幷

李栗谷,『精言妙選』

좋아하는 사람과 열렬히 사랑하고 있는 동안일지라도, 사랑의 기쁨과 환희만을 만끽하는 사람은 아마 거의 없을 것이다. 못 만나면 얼굴을 보고 싶어하며 가슴 아파하고, 만나면 더 오랫동안 함께 있고 싶어서 가슴 아파하고, 헤어지면 언제 또 만날까를 기다리면서 가슴 아파한다. 때로는 그 사람이 곁에 있지 않으면 혹시나 상대방의 마음이 바뀌지 않을지, 훌쩍 떠나버리지는 않을지 걱정을 한다. 물론 이러한 두려움은 실은 자신의 마음에 있는 문제 때문이다. 상대방을 좋아하면서도 한편으로는 증오하는 이율배반적인 속마음을 그대로 드러내지 못하고, 상대방이 없어져 버리기를 바라는 자신의 마음을 그 사람에게 투사하여 도리어 화를 내면서 불안해하는 것이다.

위 시의 화자는 몹시 안타까웠던 시점들을 회상한 뒤에, 이별의 아픔을 극복하고 오히려 더 편안하게 그 사람을 사랑하게 된 듯하다. 묵은 마음들, 슬픔, 분노, 미련, 원망, 후회 등을 조금씩 털어버리고, 조금 가벼워진 마음으로 다시금 그 사람을 사랑하게 된 것이다. 헤어진 사람과의 사랑을 완성하지 못한다면 다른 사람을 만난다 해도 같은 과오를 반복할 수밖에 없다. 그러므로 그 사람과의 관계를 되돌아보고 상대의 마음을 충분히 헤아리는 일은 반드시 필요하다.

---

24) 托(탁) : 밀다, 열다, 의탁하다, 받침, 대. 여기서는 '의탁할 탁'의 뜻으로 쓰임.
25) 通精誠(통정성) : 정성을 사무치다.(내 마음과 상대방의 마음을 연결시키는 것.)
26) 懼(구) : 두려워하다, 위태로워하다. 여기서는 '두려워할 구'의 뜻으로 쓰임.

그러나 이러한 단계에 고착하는 것은 바람직하지 못하다. 이루어지지 못한 사랑에 대한 막연한 집착이 되어 버릴 수도 있기 때문이다. 헤어진 사람과의 사랑을 다시 떠올려보고 재구해 보는 것은 자신의 마음을 되돌아봄으로써 더욱 성숙한 사랑을 준비하기 위한 것이 되어야 할 것이다.

아홉째 마당

어버이와 자식 사이

내 몸을 해하는 것이 '효孝'가 될 수 있을까?

사랑은 내리사랑이라고 했다. 누가 가르치지 않아도 부모 된 이는 자식에게 사랑을 베풀게 된다. 저마다의 방식으로 자식을 아끼고 사랑하며 생을 다할 때까지 마음을 쏟는다. 이것은 자연의 섭리인지 모른다. 계속해서 생명의 고리를 이어 나가도록 하기 위한 법칙인 것이다. 반대로 자식이 부모를 위하는 것은 그리 쉽지만은 않은 일인가 보다. 방식이 잘못된 경우는 있을지라도 부모의 자식 사랑은 저절로, 자연스럽게 이루어진다. 어느 책에서도 자식을 사랑해야 한다고 굳이 가르치지 않는다. 그러나 자식의 부모에 대한 '효'는 책마다, 틈날 때마다 가르치고 또 가르치는 것을 보면 그냥은 쉽게 되는 일이 아닌 듯하다. 부모의 자식 사랑은 모든 동물에게 공통된 것이지만, '효'는 인간이기 때문에 배우고 노력해야 할 도리인 것이다. '효'에 대해서는 너무도 많이 얘기하고 있지만 우리는 어떻게 하는 것이 진정으로 나의 어머니와 아버지를 위하는 길인지 잘 알고 있지 못하다. 과연 어떻게 해야 하는 것일까?

孟子曰, 事孰爲大, 事親爲大, 守孰爲大, 守身爲大. 不失其身而能事其親者, 吾聞之矣, 失其身而能事其親者, 吾未之聞也. 孰不爲事, 事親事之本也, 孰不爲守, 守身守之本也.

『孟子』 離婁章句 上

남을 진정으로 위한다는 것은 먼저 그 사람을 이해하는 것이 필요하다. 그 사람의 입장이 돼서 생각해 보는 것이다. 그러나 우리가 부모의 입장이 되어 본다는 것은 그리 쉬운 일이 아니다. 그래서 스스로 부모가 되어 보고 나서야, 부모의 마음을 이해하게 되었다는 사람이 많은 것 같다. 실제로 누군가와의 다툼이나 의견대립이 있을 때, 우리는 그 사람의 입장이 되어서 한 번 생각해 보려고 노력한다. 그래야 더 큰 대립으로 이어지지 않고 타협이 가능해지는 것이다. 그러면서도 부모와 의견이 맞지 않을 때는 으레 그렇게 하지를 못한다. 당연히 부모가 나를 일방적으로 이해해 주는 것에 익숙해져 있기 때문이다.

우리가 '효'를 행할 때, 가장 범하기 쉬운 실수의 원인도 같은 데에 있다. 부모의 마음을 헤아리려는 노력을 게을리 하면서 '효'를 행하려 하면 그야말로 내 마음 편하자고 하는 일이 되어 버린다.

劉明達, 天性大孝, 共妻奉母. 時歲大荒, 推[1]車載母, 往河陽在路, 子侵母食, 遂賣其子, 妻遂割一乳與其子.

1) 推(추) : 옮다, 추천하다, 받들다.

相與成其孝.

『三綱行實圖』

兪石珍, 高山縣吏也. 父天乙得惡疾, 每日一發 發則氣絶, 人不忍見. 石珍日夜侍側無懈[2], 號泣[3]于天. 廣求醫藥, 人言, 生人之骨, 和血而飮, 則可愈[4]. 石珍卽斷左手無名指, 依言以進, 其病卽瘳[5].

『三綱行實圖』

효자전 등에 실려 전하는 효자 이야기들은 부모가 죽을병에 걸렸거나, 극심한 가난에 처해 있는 등 극단적인 상황에서의 것들이 많다. 그리고 거기서 효라고 행하는 것도 매우 극단적인 것들이다. 이런 이야기들은 현대 사회에서 보면 과장이 많고 극단으로 치닫는 드라마처럼 '어쩌면 저럴 수가'라는 놀라움을 자아내며 얘깃거리를 제공하기는 하지만 실제 '효'와는 거리가 있다. 부모 된 이의 입장에서 그 마음을 헤아린 것이라기보다는 자식 편에서 스스로의 마음을 다잡고자 하는 의도가 더 크게 느껴지는 이야기들이라고 하겠다.

---

2) 懈(해) : 게으르다, 느슨해지다.
3) 號泣(호읍) : 소리를 높여서 욺. 號(부르짖을, 울 호), 泣(울다, 울음, 눈물 읍).
4) 愈(유) : 낫다, 고치다, 더하다, 더욱, 즐기다.
5) 瘳(추) : 낫다, 줄다, 좋다.

부모의 잘못을 말하는 것은 불효不孝일까?

부모가 잘못을 했을 때 이를 덮고 지나가는 것이 옳은 것일까, 그 잘못을 말하는 것이 옳은 것일까? 자식 된 자가 부모의 잘잘못을 따지는 것은 불효가 아닐까? 성숙한 사람이라면 이럴 때 어떻게 대처해야 할까?

公都子曰, 匡章, 通國皆稱不孝焉, 夫子與之遊, 又從而禮貌之, 敢問何也?

孟子曰, 世俗所謂不孝者五, 惰[1]其四肢, 不顧[2]父母之養, 一不孝也, 博奕[3]好飮酒, 不顧父母之養, 二不孝也, 好貨財, 私妻子, 不顧父母之養, 三不孝也, 從耳目之欲, 以爲父母戮[4], 四不孝也, 好勇鬭[5]

1) 惰(타) : 게으르다, 삼가지 아니하다.
2) 顧(고) : 돌아보다, 돌아가다, 도리어.
3) 博奕(박혁) : 쌍륙(雙六)과 바둑, 전(轉)하여 도박(賭博)의 의미로 쓰임. 博(너르다, 넓다, 넓히다, 쌍륙, 노름 박), 奕(크다, 아름답다, 근심하다, 차례, 바둑 혁).
4) 戮(륙) : 죽이다, 욕시하다.
5) 鬭(투) : 다투다, 싸움.

很[6] 以危父母, 五不孝也. 章子有一於是乎?

夫章子, 子父責善而不相遇也. 責善, 朋友之道也, 父子責善, 賊恩之大者.

夫章子, 豈不欲有夫妻子母之屬哉? 爲得罪於父, 不得近, 出妻屛[7]子, 終身不養焉. 其設心以爲不若是, 是則罪之大者, 是則章子已矣.

『孟子』 離婁章句 下

어릴 적 우리에게 부모는 절대적인 존재였다. 우리 아빠, 우리 엄마가 이 세상에서 최고로 보이던 때가 있었다. 그러나 한 살, 한 살 나이를 먹으면서 높고 크게만 보이던 부모의 허물이 보이고 부모도 모든 걸 잘 할 수는 없다는 것을 알게 된다. 한참 예민한 청소년기에는 그런 부모에게 크게 실망하고 비난을 퍼붓기도 하고 심하게 반항하기도 한다. 조금씩 그런 과정을 거치면서 우리는 부모를 이상적으로만 바라보던 시각에서 벗어나 부모 역시 실수도 하고 잘못도 저지르는 나와 같은 사람이라는 것을 알게 되는 것이다. 그러면서 우리는 부모를 하나의 인간으로서 이해하고 수용할 수 있게 된다. 부모를 나와의 관계 속에서가 아니라 보다 객관적인 시각으로 바라볼 수 있게 되는 것이다.

부모의 뜻에 의존해서 생각하던 것에서 벗어나 독립적으로 생각하고 판단해서 행동하게 되고 이제야 비로소 성숙한 성인이 되었다고

6) 很(흔) : 성질이 거칠고 사나움, 어기다, 말다툼하다.
7) 屛(병) : 울, 담, 가리다, 물리치다, 두려워하다.

할 수 있다. 이 때 나의 부모로서가 아니라, 한 걸음 물러서서 부모의 잘못을 보게 될 수 있다. 나의 부모가 누가 봐도 잘못된 길로 가고 있는 것을 뻔히 알면서도 가만히 있는 것은 '효'일 수 없다. 관계가 어그러지는 것이 두려워 잘못을 고하지 못한다면 아직도 나는 부모와의 관계에서 독립적이지 못한 어린아이가 아닐까?

子曰, 事父母幾諫[8)], 見志不從, 又敬不違[9)], 勞而不怨.

『論語』里仁篇

나를 중심으로 한 관계 속에서 모든 것을 바라보던 때라면 그런 부모가 부끄럽고 부모에게 화가 나거나 분노하게 될 것이다. 그러나 이미 성숙한 사람은 그런 부모를 측은한 마음으로 바라볼 수 있다. 부드럽게 잘못된 것을 말할 수 있다. 그리고 불편한 관계를 참으며 부모가 마음을 돌릴 때까지 기다릴 수 있다.

葉公[10)]語孔子曰 吾黨有直躬[11)]者 其父攘羊, 而子證[12)]之. 孔子曰 吾黨之直者, 異於是, 父爲子隱 子爲父

8) 諫(간) : 간하다, 간하는 말.
9) 違(위) : 어기다, 위반하다, 떠나다.
10) 葉(섭, 엽) : 땅이름 섭, 잎 엽.
11) 躬(궁) : 몸 궁.
直躬(직궁) : 정직한 躬이라 하여 인명으로 다룬 데도 있으나 그냥 곧기로 소문난 사람
12) 證(증) : 관가에 고발하다.

隱 直在其中矣.

『論語』子路篇

논어에 나오는 섭공과 공자의 대화로 정직이 무엇인지를 가르쳐주는 대목이다. 그러나 우리는 여기 두 사람의 대화에서 진정한 정직이 무엇인가는 물론 부모 자식 사이의 지켜야 할 도리까지를 엿볼 수 있다. 잘못 들어온 양을 돌려보내지 않고 은근 슬쩍 취한 아버지를 관가에 고발한 자식을 과연 올곧다고 말할 수 있을까? 이에 대한 공자의 화답은 오늘날의 우리들에게 시사하는 바가 매우 크다. 자식이 아버지를 고발할 정도로 정직한 마을로 이끌었다고 자랑하는 섭공에게 공자는 아버지는 자식의 흠을 덮어 주고 자식은 또 아버지의 결함을 드러내지 않는 것, 정직이란 육친 사이에 서로 감추어 주는 따뜻한 인간미 가운데 저절로 나오는 것이라 하였다.

진정한 효는 정성을 다하는 것이다

우리는 어렸을 때부터 부모님께 효도하라는 가르침을 듣고 자랐다. 그러나 '효孝'에 대해서 얘기해 보라고 하면 망설이다가 옛 성현들이 논했던 효에 대한 가르침을 떠올릴 것이다. 부모님께 잘해드린다는 것이 어떤 것일까? 물론 교과서적인 답은 많을 것이다. 또 내가 할 수 있는 효는 어떤 것이 있을까? 이 역시도 많을 것이다. 그렇지만 당장 할 수 있는 효는 어떠한 것일까?

子曰, 父母在[1], 不遠[2]遊[3], 遊必[4]有方[5].

『明心寶鑑』 孝行篇

子曰, 父命[6]召[7], 唯[8]而不諾[9], 食在口則吐[10]之.

『明心寶鑑』 孝行篇

---

1) 在(재) : 있을 재.
2) 遠(원) : 멀 원.
3) 遊(유) : 놀 유.
4) 必(필) : 반드시 필.
5) 方(방) : 방소 방, 방위 방.
6) 命(명) : 명할 명.

내 신분을 생각하고 나의 일을 열심히 하는 것도 하나의 효일 것이다. 효에 대해서 너무 크게 멀리 생각하지 말자. 부모님께 잘해드리기 위해서 어버이날이나 생일날에 반짝 잘해드리는 것 말고, 구체적으로 일상 속에서 꾸준히 할 수 있어야 한다. 그렇게 될 때 효는 가르침이 아니라 생활이 되는 것이다.

昔者, 大舜父[11]頑母嚚,[12] 嘗欲殺舜, 舜克諧[13], 以孝烝[14]烝乂[15]不格姦, 孝子之道, 於斯至矣. 孔子曰, 五刑[16]之屬三千, 而罪莫大於不孝.

『童蒙先習』

순임금의 아버지인 고수는 후처에게 빠져서 후처의 아들인 상象을 사랑하여 순을 죽이려고 했다. 그런데 순은 부모에게는 효도하고, 아우를 사랑하여 화목하기를 힘썼으므로, 부모와 아우는 차차 선도되어 간악한 길에 빠지지 않았다고 한다. 오늘날 진정한 효가 무엇인지에 대한 견해는 분분하나 순임금의 이 일화는 고금을 떠나 고개를 절로

---

7) 召(소) : 부를 소.
8) 唯(유) : 빨리 대답할 유, 오직 유.
9) 諾(낙) : 느리게 대답할 낙, 허락할 낙.
10) 吐(토) : 토할 토.
11) 순임금의 아버지 이름은 瞽瞍(고수). 순의 아버지는 우매한 사람이었기 때문에 장님이라는 뜻으로 고수라고 이름 불리었다.
12) 嚚(은) : 어리석을 은.
13) 諧(해) : 화하다. 조화하다. 잘 어울리다 해.
14) 烝(증) : 김오르다. 찌다 증.
15) 乂(예) : 베다. 다스리다. 어질다 예.
16) 五刑(오형) : 墨刑(묵형), 劓刑(의형), 剕刑(비형), 宮刑(궁형), 大辟(대벽).

숙이게 한다. 그러기에 오형에 속하는 형벌의 종류가 삼천 가지에 이르러도 불효보다 더 큰 죄가 없다고 하는 이유가 어디에서 연유된 것인지 가히 짐작이 간다.

자식은 가르치는 게 아니다?

동서고금을 막론하고 수많은 책에서 자식을 어떻게 가르칠 것인가에 대해 얘기한다. 매를 드는 것이 옳은지, 어떻게 하면 원만한 성격을 가지도록 할 수 있는지, 공부를 잘 하도록 하려면 어떻게 해야 하는지, 예의범절을 언제부터 어떻게 가르쳐야 할지 등등 자식을 가르치는 전략과 방법을 제시하는 것은 무궁무진하다 『명심보감明心寶鑑』 훈자편訓子篇에도 "지극히 중요한 일로 자식을 가르치는 것 만한 것이 없다[至要 莫如敎子]"라 하여 자식 가르치는 것의 중요함을 이야기한다.

이런 상황에서 '자식은 가르치는 게 아니다'라고 말하는 사람이 있다고 한다면 이상하게 여기지 않을는지……. 여기 '자식은 (부모가 직접) 가르치는 게 아니다'라고 말하고 있다.

公孫丑曰, 君子之不敎子, 何也? 孟子曰, 勢不行也. 敎者必以正, 以正不行, 繼[1]之以怒. 繼之以怒, 則反夷矣. 夫子敎我以正, 夫子未出於正也. 則是父子相夷也.

---

1) 繼(계) : 잇다, 불려 나가다, 매다.

父子相夷則惡矣. 古者易子而教之, 父子之間不責善. 責善則離, 離則不祥莫大焉.

『孟子』 離婁章句 上

자식을 가르치는 과정에서 생길 수 있는 가장 나쁜 것은 아마도 화를 내는 일일 것이다. 학교에서 아이들을 가르치는 일을 업으로 하는 사람도 집에서 자식을 가르치는 것에는 자신이 없다고 말하는 경우가 많다. 자식을 가르치려고 하면 우선 화가 먼저 나서 제대로 할 수 없다는 것이다. 제 자식인지라 욕심이 먼저 앞서기 때문이기도 하고, 무엇보다도 자식에게서 보기 싫은 자신의 모습을 발견하기 때문이기도 하다. 그래서 잘 타이르고 가르치기보다는 성내는 것이 앞서게 되는 모양이다. 그러나 이렇게 되면 가르침이 제대로 전달될 리 없다. 자식은 가르침에 수긍하기보다 반항하게 되고 부모를 원망하기 쉽다. 오히려 가르치지 않느니만 못하다.

有一士妻, 患襁褓[2]小兒, 喜啼不睡[3], 取書帙[4], 照兒眠. 翁曰, 何也? 妻曰, 每見乃翁, 携[5]帙輒[6]睡. 吾意, 書帙者, 勸睡之物爾. 翁大笑. 翁之兒, 新婚懶[7]學, 翁

2) 襁褓(강보) : 포대기, 어린아이를 업는 띠, 포대기에 안길 때. 襁(포대기, 띠 강), 褓(포대기 보).
3) 睡(수) : 자다, 잠, 꽃이 오므라지는 모양.
4) 帙(질) : 책갑, 책가위, 책.
5) 携(휴) : 끌다, 들다, 손에 가지다.
6) 輒(첩) : 문득, 갑자기, 쉽게, 번번이.
7) 懶(나) : 게으르다, 의욕이 없다, 나른하다.

切責之. 兒曰, 每執卷, 字字變爲鴉鬟[8], 未暇[9]讀也. 翁曰, 書帙, 於乃家父子, 大無緣分, 爲之奈何?

『太平閑話滑稽傳』

자식에게는 나의 모습이 있다. 애써 가르치지 않았는데도 어느 새 나를 그대로 흉내 내고 있다. 나의 안 좋은 점까지 닮아 있는 자식에게 아무리 그러면 안 된다고 가르쳐봐야 역효과만 나게 된다. 나를 보고 배운 것인데, 나는 그대로 하면서 자식만 나무라는 것이 효과가 있기를 바라는 것부터가 모순이다. 내가 바로 서지 않으면 자식도 바로 설 수 없다. 어쩌면 나의 후손들이 모두 바로 서지 못할 수 있다. 이쯤에서 내가 그 연결 고리를 끊어야 하지 않을까?

8) 鴉鬟(아환) : 검은 머리, 계집종. 鴉(큰부리까마귀, 검을 아), 鬟(쪽진 머리, 산 모양 환).

9) 暇(가) : 겨를, 틈, 느긋하게 지내다.

자식은 부모의 또 다른 얼굴

사람들은 흔히 자식이 어떤 잘못을 했을 경우 그 부모를 문제 삼는다. 더 크게는 그 가정을 문제 삼기도 한다. 그래서 가정교육이 중요하다고 말하기도 한다. 그렇다면 가정교육이 왜 그렇게 중요한 것일까? 이 속에는 어떤 의도가 숨어 있는 것일까? 효孝를 통해 이 의문을 풀어보기로 하자.

太公曰, 孝[1]於親, 子亦孝之. 身[2]旣不孝, 子何孝焉.

『明心寶鑑』 孝行篇[3]

孝順[4]還[5]生孝順子, 忤[6]逆[7]還生忤逆[8]兒[9], 不信

1) 孝(효) : 효도할 효.
2) 身(신) : 몸소(자신).
3) 孝行篇(효행편) : 효행편은 자식을 향한 부모의 끝없는 사랑을 되새기게 하면서 부모에게 효도하고 순종하라는 미풍양속을 촉구하는 내용이다.
4) 順(순) : 순할 순.
5) 還(환) : 도리어 환.
6) 忤(오) : 거스를 오.
7) 逆(역) : 거스를 역.
8) 忤逆(오역) : 오역은 어떤 문헌에 五逆으로 되어 있다. 오역은 불교에서 말하는 지옥

但[10]看簷[11]頭水, 點點[12]滴[13]滴[14]不差[15]移[16][17].

『明心寶鑑』孝行篇

태공에 의하면 효자를 보기 위해서는 부모부터 효자가 되어야 한다고 말하고 있다. 이것은 무엇을 말하는 것일까? 자식은 부모가 행동한 것을 그대로 보고 배운다는 말일 것이다. 효는 자식이 부모에게 행해야 하는 것으로 여겨지지만, 이 효 또한 부모로부터 비롯된다는 것이다. 이것은 환경의 중요성을 강조하고 있다.

누구나 보지 못한 것 혹은 배우지 못한 것을 행할 수는 없다. 효는 이러한 특성을 더욱 잘 보여준다. 효는 타고나는 것이 아니라 학습을 통해 이루어지는 것이다. 자식은 효를 몸소 행하는 부모를 통해 효를 배운다는 것이다. 부모가 자신의 부모에게 효를 행하지 않았을 경우 자식 또한 그것을 본 적이 없기 때문에 후에 효를 행할 수 없다.

이런 점에서 가정은 무의식적 학습이 이루어지는 공간인 셈이다. 그 학습의 성격 여부와 상관없이 끊임없이 낱낱이 학습되는 공간이 가정이라는 것이다. 가정이 이러한 배움의 기초가 되는 공간이라는 면에서 그 중요성이 강조되는 것이다. 효를 행하지 못한 자식들을

가는 다섯 가지의 큰 잘못으로 아버지를 죽이는 일, 어머니를 죽이는 일, 득도자(得道者)를 죽이는 일, 중의 화합을 깨는 일, 불신(佛身)을 손상시키는 일이 여기에 해당한다.

9) 兒(아) : 어떤 문헌에는 子로 표기되어 있다.

10) 但(단) : 무릇 단.

11) 簷(첨) : 처마 첨.

12) 點(점) : 물방울 점.

13) 滴(적) : 물방울 적.

14) 點滴(점적) : 처마에서 떨어지는 물방울, 낙숫물.

15) 差(차) : 이지러질, 어긋날 차.

16) 移(이) : 옮길 이.

17) 差移(차이) : 틀려서 옮겨짐.

가리켜 부모를 문제 삼는 것은 이러한 생각에 기반한 것이다.

낙숫물은 떨어진 곳에 또 떨어진다는 것은 자식들은 배운 데로만 행한다는 것을 말한다. 어떤 가감加減이 없다는 것이다. 가정에서 부모에게 효도하고 순종하는 미덕이나 거역하는 못된 버릇도 자식에게 어김없이 그대로 이어진다. 효는 자식에게 부여된 항목이지만 부모 또한 결코 효라는 문제에서 자유로울 수 없는 것도 이런 이유 때문이다. 가정이라는 울타리 속에서 가족 구성원들은 서로가 서로의 얼굴이 되는 것이다. 이른바 공동책임을 지게 되는 것이다.

가정에서의 학습은 긍정적인 것, 이를테면 효를 행하는 것 외에 부정적인 것 또한 같은 원리에 의해 학습된다. 부모의 폭력이나 부모를 거역하는 행위 등은 부정적 행위이지만 이것 또한 자식에게 학습된다. 부모의 행동들이 자식에게 대물림되는 것이다. 설령 그것이 긍정적이지 못한 행위라고 생각되더라도 가정 속의 자식들에게는 무의식적으로 학습될 가능성이 크기 때문이다. 물론 이러한 환경을 극복하는 사람도 분명 있다. 그러나 잊지 말아야 할 것은 그러한 사람들은 매우 소수에 불과하다는 것이다. 환경을 극복하는 일은 쉽지 않다.

배움의 기초가 가정에서 이루어지고, 이러한 배움이 사회와 국가에 영향을 미친다. 가정교육을 중요하게 여기는 이유는 인간사의 모든 토대가 가정에서 결정된다고 보기 때문이다. 그렇기 때문에 국가가 혼란스럽고 불경스러운 일들로 만연하게 되면, 사회나 국가는 그 책임을 가정에게 돌리고 가정을 재정비함으로써 그 문제를 해결할 수 있다고 생각하는 것이다.

부모를 떠나서는 하루도 살 수 없는 자식들

부모를 섬긴다는 것은 당연하면서도 어려운 일이다. 왜 우리는 부모를 섬겨야 하며, 어떻게 섬겨야 올바른 것인가? 이에 대해 옛사람들은 어떻게 말하고 있는지 문헌을 통해 살펴보자.

> 詩[1]曰, 父兮[2]生我, 母兮鞠我, 哀哀父母, 生我劬勞. 欲報之德[3], 昊天罔極.
>
> 『明心寶鑑』 孝行篇

마치 "하늘 아래 그 무엇이 높다 하리요. 어머니의 은혜는 끝이 없어라"는 <어버이 노래>를 연상케 한다. 나를 낳아주시고, 길러주신 것은 헤아릴 수 없을 만큼 마땅히 보답받아야 하고, 우리가 갚아야

---

1) 詩(시) : 『시경(詩經)』을 가리킴. 四書(대학, 논어, 맹자, 중용)와 五經(시경, 서경, 주역, 예기, 춘추)의 하나이다.
2) 兮(혜) : 어조사로서 정지나 완만함, 그리고 감탄의 어기를 나타내고 운문에 주로 쓰여 '여~!', '~인가!' 등으로 새긴다.
3) 欲報之德(욕보지덕) : 그것을 덕으로써 갚고자 한다. 『시경』 원문에는 '之德'으로 되어 있으나, 『명심보감』의 전본(傳本)에 따라서는 '深恩'으로 바꾸어 놓은 것도 있다.

할 은혜이다.

子曰, 孝子之[4)]事親也[5)], 居則致其敬, 養則致其樂[6)], 病則到其憂, 喪則致其哀, 祭則致其嚴.

『明心寶鑑』 孝行篇

'내 인생은 나의 것'이라고 말하는 우리들. 그러나 부모가 기거起居할 때부터 돌아가신 후에까지 자식이 할 도리를 다해야 한다는 이 글월을 보면, 과연 내 인생은 나만의 것이라고 말할 수 있는지 의심스럽다. 기거할 때에는 존경을 하고, 봉양할 때에는 즐거움을 다하며, 병들어서는 그 걱정을 다해야 하고, 돌아가셔서는 슬픔을 다해야 하며, 돌아가셔서는 엄숙함을 다해야 한다는 것은 평생 부모님과 함께 하고 결코 잊어서도 안 되는 것으로 보인다.

그럼에도 불구하고 우리는 '내 인생은 나의 것'이고 싶어한다. 어쩌면 이런 마음은 위 글월과 달리 부모로부터 벗어나고 싶어하는 소망에서 나온 것은 아닐까? 그러면 부모의 구속으로부터 벗어나고 싶어하는 마음과 돌아가신 부모까지 섬겨야 하는 마음의 대립은 어디에서부터 기인되는 것일까?

尙德[7)], 値年[8)]荒癘疫[9)], 父母飢病瀕死.

4) 之(지) : 주격어조사이다.

5) 也(야) : 단정의 뜻을 나타내는 어조사이다.

6) 養則致其樂(양칙치기요) : 여기서 기(其)는 자식 측인지 어버이 측인지 논란이 일 수 있다. 그런데 자식 측으로 보는 쪽이 우세하다.

7) 尙德(상덕) : 신라 때 사람으로 효성이 지극하였다 한다. 『삼국유사』 원문에는 向德으로

尙德, 日夜不解衣, 盡誠安慰,

無以爲養[10], 則刲髀肉食之[11],

母發癰, 吮之卽癒.

王嘉之, 賜賚甚厚,

命旌[12]其門, 立石紀事.

『明心寶鑑』續孝行篇

내 몸을 해하면서까지 부모의 병을 낫게 하는 수고로움은 왕의 포상을 받을 만큼 가치가 있는 것일까? 왜 우리는 부모를 위한 것이라면 몸을 해하는 수고로움까지 감수해야 하는가? 왕이 포상한다는 것은 몸을 해하는 방식이 권장될 만큼 의미 있는 것일까?

나타나 있다. '向'자는 성씨로 사용되면 음을 '상'으로 읽음. 그래서 『명심보감』의 전본에 따라서는 '尙'자로 바꾸어 놓았다.

8) 年(년) : 년사(年事)로 농사를 가리킨다.

9) 癘疫(려역) : 전염병. 대체로 한 해 흉년이 들면 그 이듬해에 전염병이 퍼지게 되는데, 이런 상황을 연상하면 이해하는 데 도움이 될 듯하다.

10) 無以爲養(무이위양) : '무엇으로써'의 의미로, 무이(無以)는 ~하지 못하다, ~할 수 없다, ~할 방법이 없다로 번역하면 좋다.

11) 식지(食之) : 식(食)은 ~에게 먹게 하다, ~에게 먹이다의 사역형으로 '사'로 읽는다.

12) 여기서 정(旌)은 '정려(旌閭)하다'의 의미로, 충신・효자・열녀 등을 표창하기 위하여 그들이 살던 고을 집 앞에 정문(旌門) 곧 붉은 문을 세우는 것이다.

명분을 따른다

사사로운 정을 좇을 것인가? 대의명분을 좇을 것인가? 흔히 소탐대실小貪大失이라고 하면, 정은 작은 것에 속할 때도 있다. 명분을 위해서 사사로운 정을 끊을 수 있을까?

誰謂河廣，一葦杭之. 誰謂宋遠，跂予望之.

誰謂河廣，曾不容刀. 誰謂宋遠，曾不崇朝.

『詩經』衛風 <河廣>

『시경』 위풍 <하광>은 아들을 그리워하는 어머니의 마음을 담고 있다. 송나라 양공의 어머니는 양공의 어린 시절, 송나라 왕가에서 축출되었다. 이후 아들이 왕이 되었어도 그 어머니는 아들을 만나러 가지 못했다. 그 아버지에 의해서 쫓겨난 어머니를 섬길 수 없다는 명분 때문이었다. 그래서 양공의 어머니는 아들에 대한 그리움을 <하광> 시에 담았다.

열째 마당

인간관계 속의 자기

진정으로 아낀다는 것은? :
도약을 위한 지침과 구차한 말을 뛰어넘는 대화

인간은 누구나 타인에게 인정받고 싶어한다. 왜 사람은 스스로 인정받고 싶어하는가? 그리고 그런 사람들을 만날 때 우리는 어떻게 그 사람을 인정할까? 그가 누구이든지 그 사람의 더 나은 발전을 생각한다면 우리는 이런 상황에서 어떻게 처신해야 할까? 함께 생각해 볼 만한 문장이 있다.

子貢曰, 貧而無諂[1], 富而無驕[2], 何如? 子曰 可也, 未若貧而樂, 富而好禮者也. 子貢曰, 詩云 如切[3]如磋[4], 如琢[5]如磨[6], 其斯之謂與? 子曰, 賜[7]也, 始可與言詩已矣! 告諸往而知來者.

『論語』 學而篇

1) 諂(첨) : 아첨할 첨.
2) 驕(교) : 교만할 교.
3) 切(절) : 끊을 절.
4) 磋(차) : 갈 차.
5) 琢(탁) : 쪼을 탁.
6) 磨(마) : 갈 마.
7) 賜(사) : 자공의 이름이다.

인정받고 칭찬받고 싶은 마음은 누구에게나 공통된 마음일 것이다. 공자 제자인 자공 또한 그랬을 것이다. 그러나 스승 공자는 칭찬에 인색한 것이 아니라 그가 혹시나 현실에 안주하지는 않을까를 더 걱정했다. 그래서 또 다른 지침을 준 것이다. 자공은 깨달음을 『시경』의 시를 인용하여 화답한다. 이 지점에서 공자는 자공을 『시경』을 이해할 수 있는 제자로 인정한다.

다른 이를 통해 나를 돌아본다

누군가와의 사귐에서 한두 번쯤은 상처를 주거나 받아본 적이 있을 것이다. 나는 그 사람이 좋아서 나름대로 표현을 하는데 상대방은 오히려 움찔움찔 물러나기만 하는 경우도 있고, 심하게는 오해를 하고 나를 미워하게 되는 경우도 있다. 나 또한 누군가가 너무 귀찮게 해서 싫어했는데 나중에야 그 사람이 나를 좋아했었다는 것을 알게 되는 경우도 있다. 왜 이렇게 의사소통이 안 되는 걸까?

孟子曰, 愛人不親, 反其仁, 治人不治, 反其智, 禮人不答, 反其敬. 行有不得者, 皆反求諸己, 其身正而天下歸之. 詩云,

永言配[1)]命,
自求多福.

『孟子』 離婁章句 上

1) 配(배) : 짝짓다, 짝지어 주다, 짝.

나의 의사가 상대방에게 제대로 전달되지 않고 관계가 자꾸만 내 의도와는 다르게 진행되거나 오해가 생기는 원인으로 우선은 나 자신의 문제를 들 수 있을 것이다. 남과 대화하는 방식을 제때에 적절히 습득하지 못한 것이다. 그런데 사람들은 그것을 자기 탓으로 여기기보다는 원망을 바깥으로 돌리는 경우가 많다. 마음속에서는 사람들과 어울리며 관계를 맺고 싶은 욕구가 넘치고 계속해서 시도를 하는데도 그것이 현실에서 매번 좌절되면 그 사람은 점점 더 위축되고 세상을 향한 마음의 창을 닫아버리기까지 한다. 나를 받아주지 않는 사람들을 원망하고 분한 마음을 품게 되기도 한다. 그럴수록 점점 더 나는 내 안에 갇히게 되는 것이다.

나를 되돌아보고 혹 내가 진실하지 못했는지, 다른 이를 존중하지 않았던 것은 아닌지 스스로 반문해 봐야 한다. 또, 다른 사람을 배려하면서 그 사람의 기분이나 마음을 헤아리면서 대화하는 방법을 모르고 있는 것은 아닌지 생각해 봐야 한다.

타인과 관계를 맺고 싶은 욕구는 본래적인 것이다. 그러나 부단히 나를 가꾸고 반성하지 않으면 이 욕구는 제대로 실현될 수 없다. 친한 친구, 사랑하는 사람을 절실히 원할 때, 혹 우리는 나를 가꾸는 것을 중단한 채, 무작정 사람을 찾아 나서지는 않았는지…….

다른 사람은 나의 스승이 된다

三人行, 必有我師焉, 擇其善者而從之, 其不善者而改之.

『論語』述而篇

정도의 차이는 있겠지만 보통 우리들은 잘못된 일은 남을 탓하고, 잘 된 일은 자기의 덕으로 돌리는 일이 종종 있다. 자녀를 키우는 집에서는 자식이 잘못되는 경우를 당하면, 자기 자식은 원래 순하고 착했는데, 친구를 잘못 사귀어서 그렇게 되었노라고 친구를 탓하고 원망한다. 그러나 옛 성현께서는 모든 것이 자기 마음에서 나오는 것이라고 하였다. 그러기에 현명한 사람을 보면 그와 같아지기를 생각하고[見賢 思齊焉] 현명하지 못한 사람을 보면 스스로에게는 그러한 점이 없는지를 반성[見不賢而 內自省也]한다면 남을 탓할 수가 없는 이치와 같다. 분명 우리 주변에는 내가 귀감龜鑑으로 삼아 본받을 만한 사람이 있는가 하면, 타산지석他山之石으로 삼아 스스로를 채찍질하는 계기로 삼아야 할 대상이 있게 마련이다. 그 선함과 그렇지 못함을 판단하는 안목을 키울 일이지 누구를 원망하고 탓하는 일이 있어서는 안 될 일이다.

道[1)]吾善者, 是吾賊, 道吾惡者, 是吾師.

『明心寶鑑』正己篇

남에게 충고를 하거나 역으로 충고를 받는 일이 있다. 충고를 하거나 혹은 충고를 받는 일이 결코 유쾌한 일은 아니다. 오히려 인간관계가 충고를 하거나 받기 전보다 더 나빠지는 경우도 있다. 이성적으로는 "좋은 약이 입에는 쓰나, 병 고치기에는 이롭듯이[良藥 苦於口利於病] 충고하는 말이 귀에는 거슬리나 행동에는 도움이 된다[忠言 逆於耳 利於行]"는 걸 알면서도 가슴에서는 쉽게 받아들이지 않는 것이 인지상정人之常情인 것이다. 나의 좋은 점을 말해주는 사람을 경계하고, 오히려 나의 결점이나 단점을 말해 는 사람을 스승으로 삼는다면 앞날에 큰 발전이 있을 것임은 자명한 일이다.

性[2)]理[3)]書[4)]云[5)], 見人之善而尋[6)]己之善, 見人之惡

1) 道(도) : 여기서는 타동사로 말하다는 의미
2) 性(성) : 성품 성.
3) 理(리) : 이치 리.
4) 性理書(성리서) : 송나라 유학자들이 인간의 心性(심성)과 우주의 원리에 대하여 논한 글을 말함. 周敦頤(주돈이)에서 비롯되어 朱子(주자)가 集大成(집대성)하였는데, 이를 '性理學(성리학)' 혹은 '程朱學(정주학)', '朱子學(주자학)'이라 한다. 이러한 성리설을 모은『性理大全(성리대전)』70권이 있다.
5) 云(운) : 이를 운.
6) 尋(심) : 찾을 심.

而尋己之惡, 如[7]此[8]方[9]是有益[10].

『明心寶鑑』正己篇

사실 타인은 내가 아닌 남이므로, 어찌 보면 나와는 전혀 상관이 없다고 볼 수도 있다. 그럼에도 불구하고 우리는 그 남인 타인과 밀접한 관계를 맺으면서 평생을 살아가게 된다. 타인과의 어우러짐 속에서 시련과 역경을 견디는 법을 배워가며 나는 성장하고 또 발전하게 되는 것이다. 그래서 우리에게 타인은 때로는 나의 거울이 되어 주기도 한다. 그들의 모습이 나에게 커다란 교훈이 됨을 느낄 때가 많다.

---

7) 如(여) : 같을 여.
8) 此(차) : 이 차.
9) 方(방) : 바야흐로 방.
10) 益(익) : 더할 익.

남의 약점은 들추지 말아야 한다

太公曰, 欲量他人, 先須自量, 傷人之語, 還是自傷, 含血噴人, 先汚其口.

『明心寶鑑』 正己篇

옛글에 "남의 나라를 치는 것이 곧 내 나라를 치는 것이고, 남의 백성을 괴롭히는 것이 곧 내 나라 백성을 괴롭히는 것이다[伐人之國 自伐其國 殘人之國民 自殘其民]"고 하였다. 남을 헐뜯고 비방하는 사람은 필시 비판의 대상이 되는 것은 물론이며, 남을 욕하면 먼저 그 입부터 더러워짐을 생각하여야 한다. 역지사지易地思之라는 말도 있지 않은가?

馬援曰, 聞人之過失, 如聞父母之名, 耳可得聞, 口不可言也.

『明心寶鑑』 正己篇

남의 말을 잘하거나 남의 험담을 즐기는 사람들이 있다. 한 손가락이 남을 향해 비방할 때, 나머지 손가락은 다 자기를 향하고 있다는 말은 남의 흉이 한 가지면 자기 흉은 열 가지라고 보아도 무방할 것이다. 어쩔 수 없이 남의 험담이나 과실을 듣게 될 때는 어떻게 해야 할까? 그 때는 마치 부모의 이름자를 듣는 것처럼 하는 것이 옳을 것이다. 우리가 남에게 부모님 함자를 일러줄 때 이름에 자字를 붙이는 이치(홍자 길자 동자)가 부모님 함자를 입에 오르내리는 일을 꺼리는 것이기 때문이다. 이처럼 남의 흉도 부모님 함자를 듣는 것처럼 하여 귀로 듣기는 하되, 입으로 말하지는 말라고 당부하는 것이다.

사람이 살아가는 동안 타인의 행동에서 나의 행동을 보게 되고, 내 의지에 따라서 그들을 배척하기도 하고, 또 그들을 닮아가기도 하는 것이다. 끊임없이 타인과 나는 마음을 주고받으며, 이 사회의 구성원으로 살면서 서로에게 좋은 영향을 주고자 한다.

康[1]節[2]邵[3]先生曰, 聞人之謗[4]未嘗[5]怒[6], 聞人之譽[7]未嘗喜[8], 聞人之惡[9]未嘗和[10], 聞人之善則就[11]

---

1) 康(강) : 편안할 강.
2) 節(절) : 마디 절.
3) 邵(소) : 높을 소.
4) 謗(방) : 비방할 방.
5) 嘗(상) : 일찍 상.
6) 怒(노) : 성낼 노.
7) 譽(예) : 기릴 예.
8) 喜(희) : 기쁠 희.
9) 惡(악) : 나쁠 악.
10) 和(화) : 화할 화.
11) 就(취) : 나아갈 취.

而和之, 又[12]從[13]而喜之, 其詩[14]曰, 樂見善人, 樂聞善事, 樂道[15]善言, 樂行善意, 聞人之惡, 如負[16]芒[17]刺[18], 聞人之善, 如佩[19]蘭[20]蕙[21].

『明心寶鑑』正己篇

내게 좋으면 타인에게도 좋을 것이며, 내게 싫으면 타인에게도 싫을 것이다. 인간의 감정은 다 같으니까. 그러므로 타인의 삶 속에서 나의 모습을 늘 비추어보고, 경계하는 마음을 갖게 된다면, 나는 타인과 좋은 관계를 계속 유지할 수 있을 것이다.

---

12) 又(우) : 또 우.
13) 從(종) : 좇을 종.
14) 詩(시) : 시 시.
15) 道(도) : 말할 도.
16) 負(부) : 질 부.
17) 芒(망) : 가시 망.
18) 刺(자) : 찌를 자(척), 가시 자.
19) 佩(패) : 찰 패.
20) 蘭(난) : 난초 란.
21) 蕙(혜) : 혜초 혜.

편지를 통해 읽는 선비들의 사귐 : 옛 선비들의 정취情趣

옛날의 선비들은 서로의 속내를 전할 때 어떤 방식으로 편지를 주고받았을까? 오늘날 우리는 문자 메시지와 이메일로 서로의 의사를 주고받는다. 옛 선비들은 편지글을 통해 어떤 형식으로 무슨 이야기를 했을까? 한 통의 편지를 살짝 엿보자.

黃花素月, 變德益勤, 忽承手書, 服之慰沃, 如旱得霈. 況審際玆, 侍退[1]餘讀履, 連讓勝安, 尤庸慰喜之至, 盛工[2]因懶荒廢云[3], 如非自道, 實可爲憂也. 朱夫子云, 知得如此是病, 只不如此是藥, 今若知優遊可懼, 則亦自策勵, 勿優遊是好諒之如何? 記末依劣而已. 一往之身, 豫切欣聳, 而亦恐食言也. 餘姑不備謝儀. 右[4]答書.[5]

『儒事最近』

---

1) 侍退(시퇴) : 부모님을 모시고 생활하다가 잠시 짬이 나면 물러난다는 의미.
2) 盛工(성공) : 상대의 공부를 높여 칭하는 표현.
3) 因懶荒廢云(인나황폐운) : (자신이 공부가) 게으름 때문에 황폐해졌다고 말한 것을 가리킨다.

노란 국화가 수북하게 핀 달 밝은 저녁이다. 그리운 마음 더욱 간절한데 문득 인편에 기다리고 기다리던 반가운 편지가 도착했다. 쓸쓸한 맘을 얼마나 위로해 주었는지 모른다. 부모님 모시며 틈나는 대로 책을 읽는다. 그렇지만 훌륭한 공부가 게으름 탓에 황폐한 지경이라는 말이 겸사가 아니라면 실로 근심할만한 일이다. 자신을 더욱 채찍질하여 학문에 매진하기를 간곡하게 당부한다. 그러면서 한번 가보겠다는 말을 건네고도 지키지 못할까 근심하는 절절한 마음이 행간에 묻어난다. 편지를 받고 친구에게 답하는 글의 형식이다.

4) 우(右) : 편지글이라.

5) "국화꽃 피어 있는 새하얀 달밤인지, 그대 생각 더욱 간절했는데, 뜻밖의 편지를 받으니 위로되고 흡족한 마음 가뭄에 소나기를 만난 듯했습니다. 하물며 살피건대 이러한 즈음에 부모님을 모시고 있으면서, 짬나는 대로 글을 읽고 있는 때에 계속 보살펴주시니 좋고 편안함이 더욱 위로되고 기쁘기 그지없습니다. 그대의 공부는 게으름으로 인해 황폐해졌다고 했는데, 만일 스스로 한 겸양의 말이 아니라면 걱정입니다. 주부자께서 이르시되 이와 같이 해서 병이 됨을 알았다면 다만 이 같은 약을 쓰는 것만 같지 못하다고 하셨으니, 만일 아무런 하는 일없이 놀고만 있다면 그것이 가히 두려운 것인 줄 알게 될 것인즉 스스로 채찍질해서 힘쓰고 하여 넉넉히 놀지 않는 것이 가장 좋은 것이 아니겠습니까? 기말에 잊지 않고 기억하는 것은 용렬함을 의지할 뿐입니다. 한번 오신다고 보인 것은 미리부터 간절히 기쁘고 어깨가 으쓱거려지면서도 잊어버리시지는 않으실는지 걱정입니다. 나머지는 감사의 의식을 갖추지 못합니다."

봄날 밤에 낙양성에서 피리 소리를 들으며

옛날 장안에서는 사랑하는 사람과 이별할 때, '파교'라고 불리는 다리까지 배웅 나가서는 그 다리 가의 버들가지를 꺾어 주며 다시 만날 것을 축원했다고 한다. 버드나무를 꺾어 주는 의미는 버드나무가 접지식물이기 때문에 가지를 꺾어다가 다른 곳에 심어도 죽지 않고 계속 자라난다는 점에 착안한 것이다. 이별한 당사자는 자신의 거처하는 곳의 뜰에 버드나무 가지를 심어 두고 하루가 다르게 자라나는 그 버드나무를 보며 헤어진 님을 생각하고 다시 만나자는 의미일 것이다. 그처럼 이별의 정한을 노래한 악부가 바로 아래의 노래에 등장하는 '절양류'라는 제목의 작품이다.

誰家玉笛暗飛聲,
散入春風滿洛城.
此夜曲中聞折柳,
何人不起故園情.[1)]

1) 『칠언절구(七言絶句)』, <春夜洛城聞笛(춘야낙성문적)>. "뉘집에서 옥피리를 은은하게 부

제목의 '낙성洛城'은 '낙양성'을 의미한다. 제1구에서 '옥적玉笛'은 옥으로 만든 젓대를 말하고, '암暗'은 은은한 모양을 나타낸다고 볼 수 있다. 낙양성 안에 애잔하게 울려 퍼지는 옥피리 소리를 그리고 있다. 제2구에서는 살랑대는 봄바람을 타고 함께 흘러 들어가는 피리 소리가 낙양에 가득하다고 다소 과장된 목소리로 분위기에 심취한 시인의 정서를 읽을 수 있다. 그런 애잔한 밤에 낙양성을 가득 채우고 있는 옥피리 소리는 다름 아닌 '절양류'라는 악부였음을 제3구에서 밝히고 있다. 제3구에서의 '절류折柳'는 석별의 정을 노래하는 내용의 악부작품인 <절양류곡>을 의미한다. 제4구에서의 '고원정故園情'은 고향을 그리워하는 마음을 의미한다.

는지 / 봄바람에 날아들어 낙양성에 가득하네 / 이 밤 곡 가운데 절양류곡이 들리니 / 누군들 고향 그리는 마음 일지 않겠나?"

뒤집고 뒤집히는 인간관계

늘 만나고 늘 이야기하고 늘 함께하는 나의 친구들. 그들은 과연 나의 진정한 벗들일까? 나의 인간관계는 바람직할까? 옛 사람들은 친구와의 사귐이란 어떤 것이고, 어떻게 사귀는 것이 바람직하다고 말했는지 살펴보자.

不結子[1)]花, 休[2)]要種, 無義之朋, 不可交.

『明心寶鑑』 交友篇

꽃을 피울 수 있는 것과 의리가 있다는 것이 동격으로 쓰인다는 것은, 진정한 교제로 인해 좋은 결실을 맺는 것이 가치 있음을 말하는 것이다. 행여 열매를 맺을 수 없는 만남이라면 차라리 사귀지 않는 것만 못하다는 것은, 인간관계가 단지 숫자로 이해될 수 있는 문제는 아님을 보여주는 것이다. 그것은 단지 얼굴을 아는 만남일 뿐이지,

---

1) 子(자) : 씨, 종자.
2) 休(휴) : '~하지 말라'는 금지사이다.

마음을 아는 만남은 아닌 것이다.

君子之交, 淡如水, 小人之交, 甘若醴.
路遙知馬力, 日久見人心.

『明心寶鑑』交友篇

첫인상의 달콤함으로 상대방을 쉽게 판단하지 말라고 경고하는 문장과, 길이 멀면 말의 능력을 알듯 사람은 오래 사귀어야 그 마음을 알게 된다는 문장이다. 이상적 도덕을 갖춘 군자는 세상의 이해와 관계없이 사귀므로 물맛처럼 담백하고, 소인은 이해와 결부하여 사귀므로 단술처럼 일시적이어서 깨지기 쉽다는 말이다.

청산유수와 같은 말솜씨로 쉽게 친해지는 사람. 과연 그 사람들이 오랜 시간 후에도 그 모습을 그대로 보여줄 수 있는지 생각해 보아야 할 문제이다. 아니, 그 만남이 오래 갈 수 있는지부터 생각해야 할 것이다.

子曰, 衆好之[3], 必察焉, 衆惡之, 必察焉.

『明心寶鑑』正己篇

부화뇌동附和雷同이란 말이 있다. 자기의 주관이나 줏대 없이 이리저리 휩쓸려 다닐 때 쓰는 말이다. 베이컨의 4대 우상이란 인간의 이러한

3) 이 글의 출처인 『논어』에는 '衆惡之'가 먼저 있고 '衆好之'가 뒤에 있다. 『명심보감』에서 전본(傳本)에 따라 앞뒤로 바꾸어 놓았다.

본성을 혜안으로 밝혀 놓은 것으로 보인다. 특히 '시장의 우상'이나 '극장의 우상'은 자신의 경험이나 관찰 없이 무조건 말을 믿는 데에서 우愚를 범한다는 것이다. 많은 사람들이 좋아하고 따른다 해도 반드시 내가 내 눈으로 살펴서 좋은 면이 있을 경우 따를 것이고, 뭇사람들이 싫어하고 미워한다 해도 필히 자신이 보고 판단해서 싫어하든 미워하든 할 일이다.

우정의 세계

가난할 때에도, 부유할 때에도, 건강할 때에도, 아플 때에도 변함없이 사람을 대한다는 것은 그리 쉬운 일이 아니다. 이렇게 쉽지 않음에도 불구하고 우리는 다른 덕목 못지않게 인간관계를 중요시한다. 이에 대해 옛사람들은 어떤 시각으로 바라보았는지 살펴보기로 한다.

> 飜手作雲覆手雨,
> 紛紛輕薄何須數.
> 君不見管鮑貧時交,
> 此是今人棄如土.

杜甫, 『古文眞寶』 <貧交行>

인간관계를 중시함에도 불구하고 과거 역시 그것을 제대로 지키지 못하는 경우가 많은 것 같다. 게다가 그런 사람들을 경박하다고까지 표현하고 있다. 그러면서 가난할 때나 부유할 때나 변함없이 관계를 지속한다는 것이 원활한 인간관계에 중요한 조건인 것으로 보인다.

그리고 그런 것에 부합하는 관포의 사귐을 끊임없이 인용되고 있다.

管仲曰, 吾始困時, 嘗與鮑叔賈, 分財利, 多自與, 鮑叔不以我爲貪, 知我貧也.

吾嘗爲鮑叔謀事, 而更窮困, 鮑叔不以我爲愚, 知時有利不利也.

吾嘗三仕, 三見逐於君, 鮑叔不以我爲不肖, 知我不遭時也.

吾嘗三戰三走, 鮑叔不以我爲怯, 知我有老母也.

公子糾敗, 召忽死之, 吾幽囚受辱, 鮑叔不以我爲無恥, 知我不羞小節, 而恥功名不顯於天下也.

生我者父母 知我者鮑子也.

『史記』「管晏列傳」

관중과 포숙아의 사귐이 많은 사람의 입에 오르내리는 이유는 무엇일까? 우선은 손을 뒤집고 구름이 뒤집히는 것처럼 변덕스러운 관계가 아니라는 점 때문일 것이다. 그러나 여기에서만 그치는 것은 아니다. 관중의 어려운 상황을 이해해 주고 지속적으로 도움을 주는 점과 무엇보다도 관중이 현재는 그 빛을 발하지 못하지만 그의 안에 숨겨져 있는 훌륭한 면모를 밖으로 발하게 해주었다는 점이 아닐까?

朋友同類之人, 益者三友, 損者三友, 友直, 友諒, 友多聞, 益矣. 友便辟[1], 友善柔, 友便佞[2], 損矣.

『論語』季氏篇

어떤 친구가 유익하고 또 어떤 친구가 손해가 되는 것인가는 의견이 분분할 수 있다. 사실 좋은 친구든 손해가 되는 친구든 그것은 모두 자신으로 말미암는 것이므로 남을 탓할 수는 없는 것이다. 그래도 정직한 친구, 신실信實한 친구, 견문이 넓은 친구라면 나에게 분명 도움이 되는 친구가 될 것이요, 남의 비위나 맞추고 영합하는 사람, 부드럽기만 하고 성실하지 못한 사람, 입만 나불대는 친구라면 경계해야 할 친구이다. 익자삼우益者三友를 만나려 하기보다 우선 자기 자신부터 손자삼우損者三友가 되지 말아야 할 것이다. 다음의 두 구절도 모두 좋은 친구를 사귀는 일이 얼마나 중요한가를 가르치는 내용이다.

蓬[3]生麻中, 不扶[4]自直, 白沙在泥[5], 不染[6]自汚[7].

『四字小學』

近墨者黑, 近朱者赤, 居必擇鄰, 就必有德.

『四字小學』

---

1) 辟(벽) : 간사할 벽.
2) 佞(녕) : 아첨할 녕.
3) 蓬(봉) : 쑥 봉.
4) 扶(부) : 돕다. 떠받치다. 붙들다 부.
5) 泥(니) : 진흙, 진창 니.
6) 染(염) : 물들이다. 염색하다 염.
7) 汚(오) : 더러울 오.

쑥이 삼 가운데서 자라면 누가 붙잡아주지 않아도 저절로 곧아지고, 흰 모래일지라도 진흙에 있게 되면 누가 물들이지 않아도 저절로 더럽혀진다는 것이다. 어떤 환경에 처해 있느냐가 얼마나 중요한가를 일깨워주는 대목이다. 물론 타산지석으로 삼아 경계하고 조심하는 태도가 바람직하겠으나, 욕하면서 배운다는 속언이 말해 주듯이 나쁜 것에 더 많은 영향을 미치는 파급을 생각해봐야 할 것이다.

> 昔者, 晏子與人交, 久而敬之, 朋友之道, 當如是也. 孔子曰, 不信乎朋友, 不獲乎上矣, 信乎朋友有道, 不順乎親, 不信乎朋友矣.

『童蒙先習』

중국 춘추 전국시대에 제나라의 재상 안영은 언제나 벗을 공경했기 때문에 사람들은 그를 더욱 존경했다고 한다. 또한 『논어』에는 공자가 안영을 칭찬하는 대목도 있다. 벗 사이에는 서로 선善을 권하여 함께 책선責善과 신의信義를 지키는 것을 으뜸 도리로 삼았다. 오늘날 세상 인정은 이해利害에 따라서 모이거나 흩어지는 경우가 많아 사귀어서 이익이 있으면 가깝게 두다가 해害가 되면 멀리하는 일이 다반사다. 관중과 포숙아의 사귐처럼 오래도록 서로를 믿고 상대방을 존경하는 자세야말로 벗을 대하는 진정한 자세로 보인다.

임기응변의 지혜

우리가 세상을 살다 보면 지혜와 용기가 절실히 필요한 것을 느낀다. 그러나 진짜 지혜와 진짜 용기가 무엇인가 생각해 보면 과연 우리가 갖고 있는 것이 참인지 의문이 생긴다. 잠시 동물에 빗대어서 참 지혜와 참 용기에 대해 설명한 것을 생각해 보기로 한다.

里之人有獲鷹者, 獻于李子[1], 李子使之獵, 登皐而望, 鷹方昂首擧翼[2], 振迅而雇左右, 狀若甚厲者, 俄而, 雉興[3]於前, 鷹奮而趨, 將禽矣. 忽睨而視, 踆而却, 爲之遷延[4], 則雉已疾飛而遁矣. 旣而, 兎起於側, 鷹不復奮而趨, 視愈平而却愈後, 若反有畏然, 兎則綏綏然[5]過矣. 如是者, 終日卒無獲, 李子曰, 惡用是鷹爲哉, 縱

1) 李子(이자) : 이건창이 자신을 일컫는 말.
2) 仰首擧翼(앙수거익) : 머리를 치켜들고 날개를 펼침.
3) 雉興(치흥) : 꿩이 날아오름.
4) 遷延(천연) : 오래 망설임.
5) 綏綏然(수수연) : 침착하고 여유 있는 모양.

之去.

惑曰, 是鷹也, 仁且智矣. 可以擊而不擊, 非仁乎? 知人之見其不擊則必且縱之, 丕知乎? 不者且擊於此矣.

『明美堂集』卷十

조선 말기의 문신이며 대문장가인 이건창이 어느 날, 매를 한 마리 선물 받아서 사냥을 했다. 그러나 매는 꿩도 못 잡고 토끼도 놓치고 만다. 이건창은 쓸데가 없다 하여 그 매를 놓아주어 날아가게 했다. 그 이야기를 전해들은 어떤 이가 말하길, "이 매야말로 어질고 지혜롭다 할 것입니다. 공격할 수 있으되 공격하지 않았으니, 어질지 않습니까? 사람들이 그가 공격하지 않는 것을 보고는 필시 놓아주리라는 것을 알고 있었으니, 지혜롭지 않습니까? 그렇지 않은 놈은 아직도 여기에 매여 있을 것입니다."라고 했다.

현재의 능력을 과시하는 것이 능사가 아니라 미래의 일을 대비하는 지혜야말로 참다운 지혜라 할 수 있을 것이다.

里人金晩孫[6]之牛帶犢草莽間. 有虎咆哮[7]來, 將犢去. 群牸四面逐之, 虎不能支, 捨去. 嗚呼! 人而反不如禽獸乎? 虎神而牛蠢, 虎噬而牛觸, 虎猛而牛頑, 牛之不敵於虎也明矣. 舐犢[8]念重, 率群牸不避死難, 可謂

6) 金晩孫(김만손) : 미상, 임진난이 일어나던 때 경상북도 재산면 현동리에 살았던 것으로 추정되는 인물.

7) 咆哮(포효) : 으르렁거림.

8) 舐犢(지독) : 舐犢之愛(지독지애)의 준말. 늙은 소가 새끼 송아지를 핥아서 사랑한다는

仁且勇矣.

『琴易堂集』 券四

임진왜란이 일어나 왜구에 의해 온 조선 땅이 쑥밭이 되자 뜻있는 선비들이 일어나 의병이 되어 전장에 나가 싸우게 되었다. 아무리 호랑이같이 사납고 무서운 적병이 있다 할지라도 용기 있게 일어나 함께 싸운다면 물리칠 수 있다는 얘기를 호랑이를 쫓아낸 소에 빗대어 이야기한 것이다.

임진왜란 때의 의병이자 문신이었던 배용길裵龍吉이 이사안李士安에게서 들은 이야기를 적은 글 내용의 일부분이다. 호랑이가 나타나 송아지를 물어갔지만, 여러 소들이 함께 달려 쫓아가니 호랑이가 버티지 못하고 송아지를 놓고 달아났다. 소는 호랑이에 비해 어리석고, 호랑이는 날카로운 이빨을 갖고 물지만 소는 뿔로 들이받고, 호랑이는 용맹스럽지만 소는 고집스러워 분명히 호랑이의 적수는 되지 못한다. 그러나 송아지를 사랑하는 마음이 지중하여 여러 소들을 이끌고 목숨이 위태로운 어려움도 피하지 않은 것이 호랑이를 쫓아낸 힘이라 하겠다.

그야말로 송아지를 사랑하는 지극한 마음이 참 용기라 아니할 수 없다.

우리는 위의 두 종류의 동물을 통해 참 지혜, 참 용기가 무엇인가에 대해 생각해보지 않을 수 없다.

뜻으로, 제 자식을 사랑하는 것을 찬사하는 말.

사람의 속마음은 얼마나 깊은가?

사회가 복잡해질수록, 사회가 혼란하거나 경제적으로 어려운 사회일수록 우리들이 일상의 생활에서 대하게 되는 사람들의 속마음을 알기란 쉽지 않다. 옛사람들은 사람의 마음에 대해 어떻게 생각하였는지 기록을 통해 지금과 견주어 살펴볼 수 있으리라 생각된다. 우선 『명심보감明心寶鑑』에서 몇 구절을 본다.

諷[1]諫[2]云, 水底[3]魚天邊[4]雁[5], 高可射[6]兮低[7]可釣[8], 惟有人心咫[9]尺間, 咫尺人心不可料[10].

『明心寶鑑』 省心篇

---

1) 諷(풍) : 풍자할 풍.
2) 諫(간) : 간할 간.
3) 底(저) : 밑 저.
4) 邊(변) : 가장자리 변.
5) 雁 (안) : 기러기 안.
6) 射(사) : 쏠 사.
7) 低(저) : 낮을 저.
8) 釣(조) : 낚을 조
9) 咫(지) : 지척 지.
10) 料(료) : 헤아릴 료.

相識滿天下，知心能幾人.

『明心寶鑑』交友篇

海枯終見底，人死不知心.

『明心寶鑑』省心篇

對面共話，心隔千山.

『明心寶鑑』省心篇

'물 속의 고기나 하늘의 기러기는 낚시를 하거나 활로 쏘아서 잡을 수 있는데, 지척에 있는 사람의 마음은 헤아릴 수 없다'는 표현이나, '서로 얼굴을 알고 지내는 사람이 천하에 가득하지만 마음까지 알고 지내는 사람은 몇인가?' 하는 표현, '길이 멀면 말의 힘을, 함께 보내는 날이 오래면 사람의 마음을 본다'는 표현, 얼굴을 마주하고 함께 이야기를 하지만 마음은 '천 개의 산을 사이에 두었다'는 등 모두가 다른 사람의 진정한 마음을 알기가 쉽지 않음을 말하고 있다. 정말로 사람의 마음을 제대로 알기란 그렇게도 어려운 것인가? 방법이 있다면 어떤 방법이 있을까?

아무리 생각해도 다른 사람의 마음을 한 점의 오해나 잘못된 이해 없이 온전하게 이해하기란 역시 쉽지 않은 일일 것이다. 그렇다면 뒤집어 생각해 보자. 마음을 이해하기 쉬운 사람도 있을까? 있다면 어떤 사람일까?

君子之心事, 天青日白, 不可使人不知. 君子之才華, 玉韞[11]珠藏, 不可使人易知

洪自誠,『菜根譚』「前集」

擧世重交遊, 擬結金蘭契, 忿怨容易生, 風波當時起, 所以君子心, 汪汪淡如水.

范質, <戒子詩>

항상 맑은 하늘의 해처럼 한 점 구름도 없이 환하게 보이는 것이 군자의 마음이라고 말하거나, '온 세상에 사귀고 노는 것 소중히 여겨 금란의 계를 맺었다고 생각하는구나. 분노하고 원망하는 것 쉽게 생겨서, 바람과 물결이 그 즉시에 일어나는 것이니라. 그러므로 군자의 마음씨는 깊고 넓어 맑기가 물과 같다.'고 말한다. 그렇다면 이는 어떤 사람은 그 마음속을 알기 어렵지 않고, 어떤 사람은 그 마음을 알기 어렵다는 말인가? 그러면 그 마음을 알기 쉬운 사람들의 인간관계 맺는 방식은 어떠한가?

---

11) 韞(온) : 감출 온.

사람들과의 관계는 어떻게 맺나?

대개의 중 · 고등학교 학생들이나 일반 직장인들, 심지어는 초등학교 학생들조차도 일반적으로 가장 많은 신경을 쓰고 걱정을 하는 것이 일상의 생활에서 만나는 주위의 사람들과 관계를 어떻게 맺는가 하는 문제라 생각된다. 이러한 문제는 옛사람들도 걱정을 하고 생각을 해봤을 것이다. 그들이 선택했던 해법을 살펴보는 것도 하나의 방법이리라.

> 凡接人當務和敬, 年長以倍, 則父事之, 十年以長, 則兄事之, 五年以長, 亦稍加敬, 最不可恃學自高, 尙氣淩人也.

李珥, 『擊蒙要訣』「接人章」第九

먼저, 사람을 대함에 정으로 대할 것을 말하고, 상대와의 나이 등을 참고로 하여 그 대하는 예절을 말하고 나서는, 그 학문이나 자신의 사회적 위치 등을 통해 상대를 위압적인 자세나 업신여기는 태도를 경계하고 있다.

과연 요즘의 우리는 어떠한 태도로 상대를 대하는가?

性理書云, 接物之要, 己所不欲, 勿施於人, 行有不得, 反求諸己.

『明心寶鑑』省心篇

윗글은 자신의 마음으로부터 다른 사람의 마음을 헤아릴 것을 말하고 있다. 이것은 인간의 마음이 지니는 공통적인 성향이 있음을 말한다고 보아도 좋겠다. 이는 결국 사람이라면 누구나가 좋아하는 바가 있고, 싫어하는 바가 있으니 그를 좇아서 생각하고 행동할 것이며, 행동하고도 얻지 못하는 것이 있다면 그 원인을 자기에게서 찾을 것을 말하고 있다.

좀더 근본적인 마음가짐의 자세를 일러주는 구절을 살펴보자.

君子之交, 淡[1]若水, 小人之交, 甘若醴[2]. 君子淡以親, 小人甘以絶, 彼无故以合者, 則无故以離.

『莊[3]子』「外篇」<山木>

즉, 사람을 대하는 바람직한 방법으로 물처럼 담백한 인간관계를

1) 淡(담) : 맑을 담. 談(말씀 담), 啖(삼킬 담).
2) 醴(례) : 단술 례
3) 莊(장) : 장엄할 장.

말하고 있다. 물처럼 담백한 인간관계란 어떤 마음의 자세를 지니면 그렇게 되는 걸까? 결국 이는 자기의 마음 안에서 그 기본적인 자세를 가다듬어야 함을 말하는 것일까?

열하나째 마당

사회 속의 자기

세상이 나를 버릴 때

세상世上이 늘 나에게 호의적好意的인 것은 아니다. 내가 정성精誠을 다하여 세상을 위하건만 세상은 도리어 나를 무시無視하고 또 좌절挫折시키기도 한다. 그렇게 잘못된 세상을 고치고 바로잡아서 올바른 세상으로 만들 수 있다면 얼마나 좋을까? 그러나 역부족力不足으로 그럴 수 없을 때, 그리고 나의 올곧음을 지키고자 할 때, 나는 어떻게 해야 하나? 『주역周易』 건괘乾卦에 다음과 같은 말이 있다.

> 初九曰潛[1]龍勿用, 何謂也. 子曰, 龍德而隱[2]者也. 不易[3]乎世, 不成乎名, 遯[4]世无悶[5], 不見是而无悶, 樂則行之, 憂則違之, 確[6]乎其不可拔[7], 潛龍也.
>
> 『周易』 乾卦

1) 潛(잠) : 숨을 잠, 잠길 잠.
2) 隱(은) : 숨을 은.
3) 易(역) : 바꿀 역.
4) 遯(돈) : 달아날 돈. 원음(原音)은 '돈'이나 흔히 '둔'으로 읽기도 한다.
5) 悶(민) : 근심할 민, 번민(煩悶)할 민.
6) 確(확) : 굳을 확.
7) 拔(발) : 뺄 발, 빼앗을 발, 빼어날 발. 여기서는 '뺄 발' 내지(乃至) '빼앗을 발'의 뜻으로

용龍은 구름을 타고 하늘을 날며 비를 뿌려서 세상을 윤택潤澤하게 한다. 그런데 그 용이 지금은 깊은 못 속에 잠겨 있다. 아직은 때가 아니기 때문이다. 때가 아닌데 나가면 다친다. 세상의 비위를 맞추면 되겠거니 하면 오산誤算이다. 자신을 속이고 하는 일은 얼마 못 간다. 이름 날 욕심에 들썩이다간 낭패狼狽를 보기 십상이다. 세상과 인연因緣을 끊고 살면서도 근심하지 않는 느긋함, 옳다는 소리 못 들어도 걱정하지 않는 여유餘裕, 마음 내키면 하고 내키지 않으면 하지 않아서 아무도 함부로 좌지우지左之右之하지 못하는 확고確固함, 이런 걸 간직한 사람은 용龍의 덕德을 가지고 때를 기다리며 숨어 사는 잠룡潛龍인 것이다. 아, 나는 잠룡인가?

쓰임.

시비를 가린다는 것은?

여러 사람들이 동조하는 견해는 옳은 듯하게 보인다. 어떤 문제에 대해서 목소리를 높이면 또 옳은 듯하게 보인다. 그 옳게 보이는 것이 과연 진실일까?

營營[1]靑蠅[2], 止于樊. 豈弟君子[3], 無信讒言.

營營靑蠅, 止于棘. 讒人罔極, 交亂四國.

營營靑蠅, 止于榛. 讒人罔極, 構我二人.

『詩經』小雅・甫田之什 <靑蠅>

1) 營營(영영) : 윙윙대는 소리를 나타낸 것이다.
2) 靑蠅(청승) : 쉬파리를 이른다.
3) 豈弟(개제) : 豈는 보통 어찌 기로 통용되지만, 여기에서는 화락할 개이다. 弟는 보통 아우제이지만, 여기에서는 화락할 제이다. 豈弟君子(개제군자)에서 豈弟는 외모와 심성이 단정하고 온화함을 가리킨다.

『시경』 <청승>은 모여 있는 무리들에 대해서 매우 비판적인 시각을 드러낸 작품이다. 말하자면 옳고 그름을 가린다는 것이 얼마나 어려운 일인가. 거짓말이 어떤 결과까지 불러오는가에 대해서 강조하고 있는 것이다.

말하기와 설득의 어려움

사람살이에서 서로에게 보이는 관심은 말로 표출된다. 그런데 이 말이란 것은 주고받는 상황에서 아주 복잡하기 때문에 상대를 위한다고 내뱉은 말이 오해를 불러일으키기도 하며, 때로는 자신에게 재앙이 되어 돌아오기도 한다. 혼란한 전국시대를 살았던 한韓나라의 한비는 인간관계에서 말하기와 설득, 조언이 얼마나 어려운가를 다음과 같이 말했다.

宋有富人, 天雨牆壞[1].

其子曰, 不築[2], 必將有盜.

其鄰[3]人之父亦云.

暮而, 果大亡[4]其財.

其家, 甚智其子, 而疑鄰人之父.

『韓非子』說[5]難

---

1) 壞(괴) : 무너지다. 懷(품을 회), 壤(흙 양)과 구별.
2) 築(축) : 쌓다.

비에 무너진 담을 보고 아들과 이웃집 노인이 똑같이 걱정을 했는데, 도둑을 맞은 주인의 반응은 너무나 대조적이다. 사람은 자신과의 친소親疎에 따라 상대의 말을 우호적으로 받아들이기도 하고 곡해를 하기도 한다.

오해의 소지를 없애기 위해 아예 남의 일에는 상관하지 않겠다고 한다면 사회는 아주 각박해질 것이다. 우리를 둘러싼 상황들은 항상 합리적으로 전개되는 것은 아니다. 이런 불합리한 상황을 극단으로 몰아가지 않고 적절하게 대처하는 능력이 곧 현명함이 아닐지. 그 현명함을 기르기 위해 우리는 공부를 계속하는 것이리라.

사람들은 대체로 자신의 입장에 맞추어 세상사를 판단하고 자기 합리화를 위해 말을 꾸며낸다. 다음 이야기는 살아가는 가운데 자신의 입장만을 내세우는 것이 얼마나 사리에 맞지 않는지를 보이는 내용이다.

楚人有鬻[6]盾與矛者.
譽[7]之曰, 吾盾之堅, 莫能陷[8]也.
又譽其矛曰, 吾矛之利, 於物, 無不陷也.
或曰, 以子之矛, 陷子之盾, 何如?

---

3) 鄰(린) : 이웃, 이웃하다. 隣과 같은 글자.
4) 亡(망) : 망하다, 잃다, 죽다.
5) 說(세) : 달래다. 說(말씀 설), 說(기쁠 열)과 구별.
6) 鬻(육) : 팔다. 鬻(죽 죽), 粥(죽 죽)과 구별.
7) 譽(예) : 기리다, 칭찬하다.
8) 陷(함) : 빠지다, 빠뜨리다, 함정.

其人, 弗能應也.

『韓非子』 矛盾[9]

한비韓非는 기본적으로 인간은 모두가 이기적利己的인 존재로 보았다. 왕은 왕대로, 신하는 신하대로, 아비는 아비대로, 자식은 자식대로, 남편은 남편대로, 아내는 아내대로 모두가 자신의 이익만을 생각하고 산다는 논리이다. 여기 보이는 장사치도 용도가 대항적인 창과 방패를 같이 놓고 팔면서 자신의 이익에 눈이 멀어 논리적으로 어긋나는 선전을 해댄다. 그 결과 사람들의 항의를 받고 웃음거리가 된다.

이 모순矛盾이란 고사는 단순하고 극단적인 예일 뿐이다. 우리가 사는 세상에는 곳곳에 이런 비논리적이고, 비합리적인 말과 행동, 상황이 은연중에 펼쳐진다. 인간을 다분히 이기적인 존재로 보든 지극히 착한 존재로 보든 간에 우리가 살아가는 세상이므로, 우리의 언행은 자기모순에 빠지지 말아야 할 것이며 부조리한 모순 상황에 처하지도 말아야 할 것이다.

말을 가지고 상대를 제압하는 것은 정말 어려운 일이다. 강한 어조로 상대를 위협한다고 되는 것도 아니며, 부드럽게 회유한다고 상대가 전적으로 넘어오는 것도 아니다. 이런 직접적인 말하기 방식에서 벗어나, 간접적이고 우의적으로 말하는 방식이 더욱 효과를 거둘 수도 있다.

宋人, 有耕[10]田者, 田中有株[11], 兎[12]走觸[13]株, 折

9) 矛盾(모순) : 矛는 창, 盾은 방패.

頸而死.

因釋[14]其耒[15]而守株, 冀[16]復得兎. 兎不可復得, 而身爲宋國笑.

今欲以先王[17]之政, 治當世之民, 皆守株之類也.

『韓非子』守株待兎

한비가 유가사상에 대해 논박을 가한 이 글은 강한 어조도 아니며, 직접적이지도 않다. 자신이 하고픈 말을 직접적이고 직설적으로 하지 않고, 우회하고 빗대어하는 방식이 얼마나 효과적인가를 보이는 고사이다. 농사꾼이 우연히 토끼를 횡재한 이야기를 꾸며서 청중을 끌어들이고 결론에 가서 자신의 주장을 끌어내어 강하게 펼치는 방식이다.

일상생활에서 자신의 주장을 관철시키고자 강하고 극단적으로 상대를 몰아치는 경향이 있다. 그러나 그 강함은 오히려 부작용을 초래하기도 한다. 상대나 청중이 솔깃할 수 있는 삽화를 이용하여 말하는 법이 오히려 효과를 거둘 수 있다.

말로써 상대에게 조언하고 설득하고 논박하는 것은 일상의 일들이다. 지극히 일상적인 것에 낭패를 보지 않기 위해 현명하게 말하는 방식을 익혀 보자.

---

10) 耕(경) : 밭 갈다, 농사짓다.
11) 株(주) : 그루, 그루터기, 뿌리. 珠(구슬 주), 誅(벨 주), 洙(물가 수)와 구별.
12) 兎(토) : 토끼. 兔는 兎의 본자(本字). 免(면할 면)과 구별.
13) 觸(촉) : 닿다, 부딪치다. 떠받다.
14) 釋(석) : 풀다, 내버리다. 譯(통변할 역), 擇(가릴 택)과 구별.
15) 耒(뢰) : 쟁기 뢰.
16) 冀(기) : 바라다, 원하다.
17) 先王(선왕) : 옛날의 성군(聖君). 유교에서는 요(堯), 순(舜), 우(禹), 탕(湯), 문(文), 무(武), 주공(周公)을 성군으로 섬김.

다스리지 않아도 다스려지는 사회

누구나 대통령이 되고자 하고, 지휘관이 되고자 하고, 그 모임에서 지도자가 되고자 한다. 사회의 대표자, 지도자의 요건은 무엇일까? 강력한 힘으로 단체를 거느릴 수도 있고, 돈과 재물로 구성원의 환심을 살 수도 있다. 그런 지도력이 긴 시간 유지될 수 있을까?

帝堯[1]陶唐氏[2], 伊祁[3]姓. 或曰, 名放勛[4], 帝嚳[5]子也.

其仁如天, 其知如神, 就之如日, 望之如雲. 以火德王, 都平陽[6], 茆[7]茨[8]不剪[9], 土階三等.

治天下五十年, 不知天下治歟[10], 不治歟, 億兆願

1) 堯(요) : 요임금, 높다.
2) 陶唐氏(도당씨) : 요임금은 임금이 되기 전 陶(도 : 산동성 지명)에 있었으며, 唐(당 : 하북성 지명)에 봉하였으므로 도당씨라고 함.
3) 伊祁(이기) : 요임금의 성(姓), 복성(複姓). 伊(저 이), 祁(성할 기).
4) 勛(훈) : 공, 공적. 勳(공 훈)의 고자(古字)
5) 嚳(곡) : 급히 고하다, 요임금 아버지.
6) 平壤(평양) : 산서성의 지명.
7) 茆(묘) : 순채, 띠풀. 茅(띠풀 모)와 통용.
8) 茨(자) : 이엉, 지붕을 이다.
9) 剪(전) : 자르자, 깎다.

戴11)已歟, 不願戴己歟.

問左右不知, 問外朝不知, 問在野不知. 乃微服游於康衢12), 聞童謠曰, 立我烝13)民, 莫匪14)爾極. 不識不知, 順帝之則.

有老人, 含哺鼓腹, 擊壤15)而歌曰, 日出而作, 日入而息. 鑿16)井而飮, 畊17)田而食. 帝力何有於我哉?

『十八史略』

요임금의 치적을 적은 글이다. 백성들의 신망을 얻어 군주가 되었음에도 그 권위를 내세우지 않고 검소함으로 일관하는 모습이다. 그러면서도 혹여 인심이 자신을 꺼려하지 않을까 궁금해하며 자신을 돌아보는 겸손함까지 보인다. 백성들은 그런 군주의 덕을 부지불식간에 모두 느끼고 닮아가고 있는 사회의 일면이다. 스스로 생업에 종사하면서 생활을 꾸려 나가고 굳이 통치력에 기대지 않는 이상사회를 구가하고 있다.

진정으로 살기 좋은 사회란 결국 강력한 통치력에서 나오는 것이 아니라 느끼지 못하는 사이에 지도력에 감화되어 다스리지 않아도 다스려지는 그런 사회가 아닐지.

---

10) 歟(여) : 어조사, 그런가 하다. 의문형을 만드는 어조사.
11) 戴(대) : 이다.
12) 康衢(강구) : 번화한 거리. 康(오거리, 오달도 강), 衢(네거리 구).
13) 烝(증) : 무리, 뭇, 김오르다.
14) 匪(비) : 아니다.
15) 擊壤(격양) : 흙덩이를 치다. 擊(부딪칠 격), 壤(흙 양).
16) 鑿(착) : 뚫다, 파다.
17) 畊(경) : 밭 갈다, 농사 짓다. 耕(밭갈 경)의 고자(古字).

배를 탈 때도 뇌물을 주었다?

관리들이 뇌물을 받고 부당하게 일을 처리하는 것은 현재뿐만 아니라 옛날에도 마찬가지였던 모양이다. 심지어 배를 타고 강을 건널 때 사공에게 뇌물을 주지 않아 배가 늦게 간 이야기가 있다.

李子[1]南渡一江, 有與方舟[2]而濟者. 兩舟之大小同, 榜人[3]之多少均, 人馬之衆寡幾相類. 而俄見其舟離去[4]如飛, 已迫彼岸, 予舟猶邅廻[5]不進. 問其所以, 則舟中人曰, 彼有舟以飮榜人, 榜人極力[6]蕩槳[7]故爾.

『東國李相國集』 券二十一

---

1) 李子(이자) : 이규보가 자신을 일컫는 말
2) 方舟(방주) : 내가 타려는 배와 옆에 나란히 가는 배
3) 榜人(방인) : 뱃사공
4) 離去(이거) : 떠나감
5) 邅廻(전회) : 머뭇머뭇함
6) 極力(극력) : 있는 힘을 다함
7) 蕩槳(탕장) : 노를 저음

이 이야기는 이규보의 주뢰설舟賂說의 일부로 훗날의 볼거리로 삼고자 적어둔 글이다. 그가 젊었을 때 강에서 배를 타고 가는데 다른 배와 나란히 가게 되었다. 그러나 두 배의 크기도 비슷하고, 타고 있는 사람과 말의 수도 비슷한데 그 쪽 배가 훨씬 빨리 도착했다. 그 까닭을 물으니 사공이 하는 말이 "저 배에 탄 손님이 사공에게 술을 먹여서 사공이 있는 힘을 다하여 노를 저었기 때문입니다."라고 대답하는 것이 아닌가?

이규보는 스스로 이렇게 탄식하였다.

"아! 조그만 갈댓잎 같은 작은 배가 강을 건너는 데도 뇌물을 주고 안 주고에 따라 빠르게도 늦게도 가는데, 하물며 바다같이 험한 벼슬길을 다투어 건너는 데에랴! 내 손에 돈이 없어 뇌물을 주지 못해 미천한 하급 관리조차 못하고 있는 것이 당연한 일이구나."

오늘날에도 이 뇌물로 인한 부정부패는 여전하다. 오히려 더 과해져서 사회의 큰 문젯거리로 항상 정치면과 사회면에 장식되어 우리의 눈살을 찌푸리게 한다.

과연 뇌물 없이 모두가 자신의 일에 최선을 다하면서 일을 하는 그런 날이 오기를 기다리는 것은 허황된 꿈은 아닌지 …….

의에 죽고 의에 산다

남이 행하는 의롭지 못한 행동에 관여하여 비난을 가하는 것은 온당한 것인가? 불의의 시대를 더불어 살지 못하겠다고 세상을 등진 사람들의 이야기를 들어보자.

伯[1]夷叔齊, 孤竹君之二子也. 父欲立叔齊, 及父卒, 叔齊讓伯夷, 伯夷曰, 父命也. 遂逃去. 叔齊亦不肯[2]立而逃之, 國人立其中子.

於是伯夷叔齊, 聞西伯昌[3]善養老, 盍往焉[4]?

及至, 西伯卒, 武王載木主, 號爲文王, 東伐紂[5].

伯夷叔齊叩[6]馬而諫曰, 父死不葬, 爰[7]及干戈[8], 可

---

1) 伯(백) : 맏, 맏이. 伯(맏 백), 仲(버금 중), 叔(아제비 숙), 季(막내 계)로 형제의 서열을 매김.
2) 肯(긍) : 옳게 여기다.
3) 西伯昌(서백창) : 후에 문왕(文王)으로 추존된 희창(姬昌). 무왕의 아버지.
4) 盍往焉(합왕언) : 어찌 가지 않겠는가? 盍(하불 합, 어찌 ~하지 않으리오).
5) 紂(주) : 은(殷)의 마지막 군주. 달기(妲己)에 빠져 포악을 저지른 폐주(廢主). 紂(껑거리끈 주).

謂孝乎? 以臣弑[9]君, 可謂仁乎?

左右欲兵[10]之, 太公[11]曰, 此義人也.

扶而去之. 武王已平殷亂, 天下宗周, 而伯夷叔齊恥之, 義不食周粟, 隱於首陽山, 采薇[12]而食之.

及餓且死, 作歌, 其辭曰, 登彼西山兮, 采其薇矣. 以暴易暴兮, 不知其非矣. 神農[13]虞夏[14]忽焉沒兮, 我安[15]適歸矣. 于嗟徂[16]兮, 命之衰矣.

遂餓死於首陽山.

『史記』「伯夷列傳」

중국 고대사회의 절사節士 백이와 숙제 형제의 이야기이다. 스스로 돌아보아 의롭고 거리낌 없이 세상을 살고자 하는 것은 여느 사람들이 갖는 소망이다. 그런데 이 두 사람은 자식의 도리를 못하고, 신하의 도리를 못하는 지도자가 다스리는 나라에 처해 산다는 것 자체도

---

6) 叩(고) : 두드리다.
7) 爰(원) : 이에.
8) 干戈(간과) : 방패와 창, 전하여 전쟁. 干(방패 간), 戈(창 과).
9) 弑(시) : 윗사람을 죽이다. 殺(죽일 살)과 구별.
10) 兵(병) : 군사. 여기서는 '무기로 죽이려 하다'는 동사로 쓰임.
11) 太公(태공) : 위수(渭水)가에서 낚시질하고 있는 것을 서백이 재상으로 모신 태공망(太公望) 여상(呂尙). 강태공(姜太公).
12) 薇(미) : 고비, 고사리.
13) 神農(신농) : 중국 고대의 전설상의 제왕. 농경, 한의학의 시조, 우수인신(牛首人身)이었다고 함.
14) 虞夏(우하) : 순(舜)임금과 우왕(禹王).
15) 安(안) : 편안하다. 여기서는 '어찌', '어디'의 의문사로 쓰임.
16) 徂(조) : 가다.

부끄러워했다. 결국 수양산에 올라 굶어 죽는 절의를 보였다.

자신의 신상의 안위와 관계되지 않으면 나서지 않는 세태에 시사하는 바가 크다. 자신이 행한 불의는 아니지만 그 불의를 막지 못한 것도 같은 시대를 사는 지식인의 책임으로 느끼고 세상을 저버리는 것이다. 타인의 불의가 내가 세상을 등지는 데에 명분이 될 수 있는가? 조선 초 사육신과 생육신들의 행적은 어떤 의미를 지니는가? 불의가 행해지는 세상에서 버젓이 살아가는 우리의 모습과 견주어 볼 문제이다.

물 흘러가는 대로 사는 나

세상이 나를 알아주지 않아 불만이 가득할 때 우리는 어떻게 대처해야 하는가? 불만을 토로하며 <이소경>처럼 세상을 등질 것인가? 아니면 세상과 타협하여 나의 소신을 저버릴 것인가?

이런 문제에 대해 문답하는 다음 이야기를 통해 그 답을 찾아보자.

屈原旣放, 游於江潭, 行吟澤畔, 顔色樵悴, 形容枯槁.

漁父見而問之曰, 子非三閭大夫與, 何故至於斯.

屈原曰, 擧世皆濁, 我獨淸, 衆人皆醉, 我獨醒, 是以見放.

漁父曰, 聖人不凝滯於物, 而能與世推移, 世人皆濁, 何不淈其泥而揚其波,衆人皆醉, 何不餔其糟而歠其釃, 何故, 深思高擧, 自令放爲.

屈原曰, 吾聞之, 新沐者, 必彈冠, 新浴者, 必振衣. 安能以身之察察, 受物之汶汶者乎.

寧赴湘流, 葬於江魚之腹中, 安能以皓皓之白, 而蒙世俗之塵埃乎.

漁父莞爾而笑, 鼓枻而去, 乃歌曰, 滄浪之水淸兮, 可以濯吾纓, 滄浪之水濁兮, 可以濯吾足.

遂去不復與言.

屈原, 『古文眞寶』 <漁父辭>

굴원이 너무도 청렴결백하여 무고에 걸려서 강반으로 추방당하였다. 우수에 잠겨 헤매고 있을 때에 굴원은 어부 노인을 만난다. 그리고 굴원은 '온 세상이 모두 오염되어 있는데 나만 홀로 맑으며, 사람들이 옳지 못한 일에 취해 있는데 나만 홀로 깨어 있어' 자신이 추방당한 것이라고 하소연한다. 이에 어부는 '(진정한) 성인은 사물에 구애함이 없어 세상의 추이를 같이한다'고 하며, 굴원이 혼자 높이 생각하고 고상히 하는 것에 대해 나무란다.

그리고 '창랑의 물이 맑으면 갓끈을 씻고, 물이 흐리면 발을 씻으리'라는 어부의 태도와 더러운 세상과 타협해 살아가느니 차라리 강물에 빠져 죽는 것이 낫겠다는 굴원의 태도는 매우 대조적이다. 이런 대조적 삶의 태도에 대해 우리는 무엇을 선택할 것인가? 어쩌면 세상에 직면하여 진흙물에 물결을 일으키고 함께 취한 사람들과 함께 술을 마시는 어부가 굴원보다 더 초연하고 성숙한 인물이 아니었을까?

진출할 것인가, 물러설 것인가

젊은이들이 꿈꾸는 것은 사회적 진출, 즉 출세이다. 출세는 곧 명예와 부를 동시에 얻을 수 있으며, 이상과 포부를 실현할 수 있는 출구가 되기 때문이다.

현재 학업에 임하는 대학생들은 자신의 이상을 실현하기 위해 준비를 하고 있다. 그리고 대학 생활을 마치면 그런 이상을 실현할 곳을 찾는다. 그러나 때로는 현실과 타협을 해야 하는가, 아니면 자신의 소신을 지켜야 할 것인가를 고민할 경우가 있다. 예컨대, 자신이 처한 현실은 너무도 열악하기에 잠깐의 이로움을 얻고자 자신의 먼 이상 실현을 중도에 포기하거나, 심지어 비도덕적인 행위를 감수하는 경우가 그렇다.

이에 자신이 처한 열악한 현실에 대해 마음의 자유를 얻고자 하는 <귀거래사>를 보기로 한다.

> 歸去來兮, 田園將蕪, 胡不歸.
> 既自以心爲形役, 奚惆悵而獨悲.

悟已往之不諫, 知來者之可追.
實迷塗其未遠, 覺今是而昨非.
舟搖搖以輕颺, 風飄飄而吹衣.
問征夫以前路, 恨晨光之熹微.

(중략)

已矣乎. 寓形宇內, 復幾時,
曷不委心任去留, 胡爲乎遑遑欲何之.
富貴非吾願, 帝鄕不可期.
懷良辰以孤往, 或植杖而耘耔.
登東皐以舒嘯, 臨淸流而賦詩.
聊乘化以歸盡, 樂夫天命復奚疑.

陶淵明, 『古文眞寶』 <歸去來辭>

이 작품을 쓴 동기를 밝힌 서문에는 원래 성격에 맞지 않는 관직을 누이동생의 죽음을 구실로 그만둔다고 기록되어 있으나, 양梁나라의 소명태자昭明太子 소통蕭統의 「도연명전陶淵明傳」에는 감독의 순시를 의관속대衣冠束帶하고 맞이하지 않으면 안 된다는 것을 알고, 오두미(적은 봉급)를 위해 향리의 소인에게 허리를 굽힐 수 없다고 하며 그 날로 사직하였다고 전한다.

전반부는 도연명이 관리 생활을 떠나 고향으로 돌아가는 심경을 읊었고, 후반부는 자유를 누리면서 자연의 섭리에 몸을 맡겨 살아가는 것이 좋겠다는 자신의 모습을 노래했다. 고향의 전원이 황폐해졌음을 걱정하며 그곳으로 돌아가겠다는 도연명은 벼슬살이를 '정신을 육신의 노예로 괴롭힌' 것으로 보고 있다. 그래서 지난날의 벼슬살이가 잘못이었음을 깨닫고, 앞으로 바른 길을 좇겠다고 말한다. 그러기에 고향으로 향하는 도연명의 심정은 부드러운 바람이 옷자락에 부는 것처럼 시원하다. 고향에 돌아온 도연명은 인생이라는 것이 기나긴 우주의 원리 안에 너무나도 짧은 것임을 새삼 깨닫는다. 그 짧디 짧은 인생이니 그 인생을 자연의 섭리에 맡기고 유유자적하게 살겠노라고 말한다.

이러한 도연명의 노래는 '저 산은 내게 오지 마라'고 하는 데도 기를 쓰고 올라가 목적지에 도달하려는 우리들에게 일침을 가하고 있다.

돈에 웃고, 돈에 울고

'인생역전'이라는 말이 많은 매체를 통해 넘나들고 있다. 이제 식상하기조차 하지만, 그럼에도 누구든 출세와 함께 재물에 대하여 꿈꾸어 보지 않은 사람이 없을 것이다. 벼락부자가 된다는 것, 이것이라면 지긋지긋한 이 현실에서 벗어날 수 있는 가장 좋은 출구가 될 것 같은 막연한 꿈 말이다. 그러나 이 꿈과 현실의 거리는 너무나도 멀다. 그럼에도 불구하고 자신의 현실을 직시하지 못한 채, 무모하게도 희박한 성공 확률에 자신의 인생을 걸고 실패를 맛보기도 하고, 심지어는 범죄를 저지는 경우도 허다하다.

과연 이 현실과 꿈의 거리를 어떻게 가늠하고 조절해야 하는 것일까? 옛 성현들은 이에 대해 어떻게 보고 있는지 다음 『명심보감』의 글월을 통해 살펴보자.

貧居鬧市無相識, 富住深山有遠親.

人義盡從貧處斷, 世情便向有錢家.

『明心寶鑑』 省心篇

세상이란 돈에 의해 움직이기도 한다. 가난하게 살 때에는 사람들이 많이 오가는 시장에 살아도 찾아오는 이가 없고, 부유하게 살면 멀리 사는 이까지도 찾아오게 마련인 것이다. 마찬가지로 세상의 인정이 돈으로부터 나오는 것이기에 때로는 인간의 의리는 쉽게 버려지기도 한다고 말하고 있다. 이처럼 돈 때문에 사람들을 쉽게 얻을 수 있고 잃을 수도 있다는 생각은 옛날이나 오늘날이나 여전하다는 생각에 쓴웃음을 짓지 않을 수 없다.

知足者, 貧賤亦樂, 不知足者, 富貴亦憂.

『明心寶鑑』安分篇

飽煖思淫慾, 飢寒發道心[1].

『明心寶鑑』省心篇

疏廣[2]曰 賢而多財則損其志, 愚而多財則益其過[3].

『明心寶鑑』省心篇

위의 글월과 달리 여기서는 사람이 부유하게 될 경우에 생기는 부정적인 측면을 강조하고 있다. 만족을 알면 아무리 가난해도 참다운 행복을 느낄 수 있을 것이고, 만족을 모른다면 아무리 부유해도 행복의 참 맛을 모르는 것이다. 게다가 사람이 배부르고 따뜻하게 지내면

---

1) 道心(도심) : 자연의 이치에 근거하는 순한 마음.
2) 疏廣(소광) : 漢나라 사람으로, 벼슬이 太傅에 이르렀으나 5년 만에 물러나, 날마다 친구들과 즐겁게 노닐고 따로 재물을 모으지 않았다고 한다.
3) 過(과) : 허물.

정신이 해이해져서 음욕이 생기고, 어려운 생활 과정을 거쳐야 정신이 긴장되고 판단력이 생기어 참된 도심道心이 일어난다고 말한다.

이와 관련하여 한나라 사람 소광疏廣은 자식으로부터 밭과 집을 마련하도록 권유를 받았지만, 그는 "내가 자손을 생각하지 않는 것이 아니다. 옛 밭과 집이 그대로 있어 먹고 입는 것을 보통 사람처럼 할 수 있다. 그런데도 지금 다시 재산을 보태준다면 단지 게으름만을 가르치는 것이다."라고 하였다고 한다. 이러한 소광의 마음은 "어진 사람이 재물이 많으면 그 뜻을 손상시킨다."는 내용에서 잘 드러나고 있다.

열둘째 마당

배우는 자세

스승과 제자의 거리

내 몸은 죽어 없어져도 내 영혼은 영원히 죽지 않으리!

다산의 제자들이 열상의 나를 찾아와서 서사를 마친 다음, 내가 그들에게 물었다.

"금년에도 (내가 머물던) 동쪽 암자의 지붕은 이었느냐?"

"이었습니다."

"홍도紅桃는 다른 나무들과 함께 말라죽지는 않았더냐?"

"예, 싱싱하게 자라고 있습니다."

"우물가에 쌓아 놓은 돌담은 무너지지 않았느냐?"

"무너지지 않았습니다."

"연못 속에 두 마리 잉어는 얼마나 자랐느냐?"

"두 자尺 정도 자랐습니다."

"동쪽 백련사로 가는 길에 심은 동백은 모두 무성하게 자랐느냐?"

"그렇습니다."

"너희가 올 때 이른 차는 따서 말렸느냐?"

"미처 말리지 못했습니다."

"다신계의 전곡은 축이 나지 않았느냐?"

"그렇습니다."

"옛 사람의 말에, 죽은 사람이 다시 살아나도 마음에 부끄러움이 없도록 해야 한다고 했다. 내가 다시 다산茶山에 갈 수 없음은 죽은 사람이 다시 살아나지 못하는 것과 마찬가지이다. 그러나 혹 다시 간다 할지라도 반드시 나를 보기에 부끄러운 빛이 없도록 해야 옳을 것이다."

참으로 아름다운 정경情景이다. 스승과 제자 사이에 간결한 문답 사이에는 말로 못할 포근함이 차고 넘친다. 게다가 부드럽지만 엄한 가르침 또한 흐른다. 다산 정약용은 18년간의 유배 생활 동안 글 배우기를 청하러 온 청년들과 사제의 관계를 허락한다. 18년 동안 부드러운 목소리로 때론 엄한 훈계를 통해 제자들을 지도했다. 드디어 유배가 풀리고 고향으로 돌아가게 되었을 때, 다산은 차마 발길이 쉽사리 떨어지질 않았다. 그간 가르치던 제자들에 대한 사랑 때문이었을 게다. 그래 아쉬운 맘을 달래기 위해 스승과 제자들은 '다신계茶信契'를 만든다. 제자들은 매년 햇차 잎을 따면 고운 것들을 가려 뽑아서는 전라남도 강진의 땅 끝 마을로부터 스승이 살고 계신 경기도 양평군 마현을 찾았다. 그리곤 매년 사제의 돈독한 정情을 나누게 된다. 아름다운 풍경이 아닐 수 없다.

스승과 제자의 거리. 스승과 제자는 어디에 서 있는가?

옛날 현인賢人들은 제 아무리 총명하다 할지라도 모두 스승이 있었다. 자신의 부족함을 스승의 가르침을 통해 보충할 수 있었다. 스승은 단순한 지식만을 전달하는 존재가 아니었다. 그는 삶의 지표로 인식되었다. 참된 스승과 제자 사이는 가르치면서 배우고, 배우면서 가르치는 말 그대로 '교학상장教學相長'의 관계였던 셈이다. 제자는 스승에게 주어진 인간적 삶의 유한성을 무한 가능성의 세계로 나아감으로써, 스승을 영원히 죽지 않도록 후원하는 존재였다. 한평생 이룬 자신의 '도道'는 제자를 통해 부활할 수 있었다.

스승과 제자의 만남

그렇다면 스승과 제자의 만남은 어떻게 이루어졌던 것일까? 그 현장으로 가본다.

> 子曰, 自行束脩以上, 吾未嘗無誨焉.
>
> 『論語』述而篇

여기서 '속(束)'은 묶음을 말한다. '수脩'는 고기를 얇게 썰어서 말린 '포'를 뜻한다. 이 '포' 10개를 한 '속'이라 한다. 옛날에 제자가 스승을 만나뵐 때는 반드시 폐백을 바쳐서 예의로 삼았음을 알 수 있다. 한 속의 포는 지극히 적은 것을 말한다. 아마도 오늘날 처음 선생님을 찾아뵐 때 음료수라도 손에 들고 가는 것이 이 같은 예禮 의식에 근거하고 있음은 쉽게 알 수 있다. 스승과 제자의 만남은 이렇게 이루어진다. 그렇다면 제자와 관계를 맺고 가르침에 있어서 중요한 것은 무엇인가? 공자는 이렇게 말하고 있다.

子曰，有教無類.

『論語』衛靈公篇

공자가 생각할 때 모든 인간은 본래 선善한 존재일 뿐이다. 그러나 어떤 사람은 극악무도하여 온갖 패륜적인 행동을 서슴없이 자행하기도 한다. 이는 기질과 습관이 잘못 물들었기 때문이지 본래 그런 것은 아니라고 생각한다. 따라서 스승의 가르침을 통해 본래 지니고 있었던 착한 마음[善性]을 회복시켜 주어야 한다. 결국 스승이 해야 할 책무는 제자의 마음을 가리고 있는 장애물을 들어내서 본래 지녔던 선성善性이 드러나게 하는 임무만이지, 제자에게 없었던 무언가를 새로 만들어 주는 것은 아니다. 그런 까닭에 스승은 오직 가르침을 베풀 따름이지 무리 짓거나 편당偏黨을 만들어서는 참된 스승이 될 수 없다.

언제나 열려 있어야지 문은 꼭 닫아걸고서 자신들만의 감옥에 갇혀 한 가지 목소리만 내고서야 학문이 발전할 수 없다. 그런 모습을 보며 흡족하게 여기고 미소를 지어서는 더더욱 안 된다.

몇 년 전 서양 철학자 하버마스가 우리나라를 찾았다. 저명한 철학자라 그랬던지, 출국하던 공항에서 기자회견을 가졌다. 그 자리에서 그는 떠나는 비행기에 몸을 싣기 전에 의미심장한 말 한마디를 던지고 바람처럼 사라졌다.

> 동양의 학문이 빠르게 발전하지 못하고 침체에 빠져 있는 가장 큰 이유는 문화적 풍토 때문이라 생각한다. 제자는 스승의 이론을 선전하기에 급급한 나머지 맹목적인 수긍으로 일관한다. 여기에는 어떤 창의적 사고나 논리적 비판능력이 개입될 여지가 애당초 차단된다. 스승의 학설

에 다른 견해를 내놓은 것은 학문하기를 포기한다는 의미로 받아들여지는 것이 동양적 학문의 현실이다. 이러한 풍토에서 위대한 학자가 배출되기를 바란다는 것이 어찌 보면 무리일지도 모른다.

는 취지의 회견이었다. 우리에게 많은 것을 시사한다.

가르침의 원칙

스승은 제자를 가르칠 때 어찌해야 하는가? 공자는 제자를 가르치고 지도할 때 중요한 원칙을 이렇게 제시한다.

子曰, 不憤不啓, 不悱不發, 擧一隅, 不以三隅反, 則不復也.

『論語』 述而篇

'분憤'은 마음속으로 무엇인가를 이루고자 애쓰지만 뜻대로 되지 않아서 애가 타는 모양이다. '계啓'는 막혔던 뜻과 의미를 환하게 열어 주는 것이다. '비悱'는 머릿속으로 생각들이 대충 잡히고 정리되는 듯하지만 입으로 말하려고 하면 차마 말할 수 없는 상태를 뜻한다. '발發'은 '계啓'와 유사한 맥락으로 막혔던 말문을 열어 주는 것이다. 말하자면 스스로 알고자 하는 노력이 정성스럽지 못하다면 그 경우에는 알려 줄 필요가 없다는 것이다. 왜냐하면 애당초 절실한 요구에서

출발한 배움이 아니었기에 알게 된다 해도 이내 사라지고 말 지식이기 때문이다. 그런 까닭에 배우고자 하는 이가 스스로 절실하고 절박해야 가르침을 줄 수 있다. 그리고 가르침에 있어서도 네 귀퉁이가 있는 물건이 있다고 가정할 때, 스승은 한쪽 귀퉁이만을 살짝 들어올린다. 그러면 배우는 이가 나머지 세 귀퉁이를 들어올려야지, 나머지 세 귀퉁이마저 스승이 들어올려 주기만을 목을 빼고 기다리는 자에게는 다시 가르침을 주지 않는다는 말이다. 이는 배우는 자의 주체적이며 적극적인 그리고 능동적인 자세를 요구하는 것이다.

시詩를 알아야 하는 이유 : 옛날 시 그리고 오늘날의 시

우리는 오늘날 시詩를 몰라도 살아가는 데 있어 별반 큰 어려움이 없다. 그러다 보니 시를 공부해야만 하는 필요성을 못 느낀다. 시란 도대체 무엇이란 말인가?

①

子曰 誦詩三百, 授之以政, 不達. 使[1]於四方, 不能專對, 雖多亦奚以爲?

『論語』子路篇

②

陳亢問於伯魚[2]曰 子亦有異聞乎? 對曰未也. 嘗獨立, 鯉趨而過庭. 曰 學詩乎? 對曰未也. 不學詩, 無以言. 鯉退而學詩. 他日又獨立, 鯉趨而過庭, 曰, 學禮乎? 對

1) 使(시) : 사신 갈 시.
2) 伯魚(백어) : 공자의 아들로, 이름은 리(鯉)이다.

曰, 未也. 不學禮, 無以立, 鯉趨而學禮. 聞斯二者. 陳亢退而喜曰, 問一得三, 聞詩聞禮, 又聞君子之遠其子也.

『論語』季氏篇

③

子曰 小子! 何莫學夫詩? 詩可以興, 可以觀, 可以 吳, 可以怨. 邇之事父, 遠之事君, 多識於鳥獸草木之名. 子謂伯魚曰 女爲周南召南矣乎? 人而不爲周南召南, 其猶正牆面而立也與?

『論語』陽貨篇

이 내용을 종합해 보면 옛날의 시는 대화의 한 방식이었다. 그것도 가장 아름답고 온화한 목소리로 대화하는 수단이었다. 오늘날 누구도 시로 의사를 전달하지 않는다. 그건 무모한 짓이다. 이렇게 하루하루가 얼마나 바쁜데 시로 대화하고 있는가? 하고 생각하겠지. 그러나 옛날의 시는 그랬다. 간단하게나마 시詩로 말하는 사회와 쇳소리 섞인 날카로운 목소리로 서로 목청 높여 말하는 오늘. 무엇이 같고 무엇이 다른가? 이 둘 사이에는 어떤 차이가 가로놓여 있는 것일까?

『시경』에 실린 시들이 사람의 사는 길을 열어주기 때문에, 공자는 위와 같이 『시경』 학습을 강조하고 있는 것이다.

한편 위 ②, ③에서는 공자의 자식 가르치는 방법을 말해주고 있다. 부모자식관계는 인간관계 중에서 가장 혈연적인 관계이다. 부모의 입장에서 자식은 부부간의 사랑의 결실이자 자신의 피를 물려받은 분신과 같은 존재이므로, 부모는 거의 본능적이고 무조건적인 애정으로 자녀를 보호하고 양육하게 된다. 그런데 모든 부모가 자녀에 대해 이처럼 무조건적인 애정을 가지는 것은 사실이지만, 부모는 어리고 미숙한 자녀를 일방적으로 보호하고 양육해야 하는 위치에 있게 되므로, 부모자식관계는 사랑이 넘치는 밀착된 관계가 될 수 있는 동시에 자칫 수직적이고 종속적인 관계가 될 수도 있다. 자식교육에 있어서도 부모의 욕심대로 자녀를 통제하고 일방적인 순응을 강요하여 부모자식간에 갈등이 초래되는 경우를 우리 주위에서 흔하게 볼 수 있다. 공자는 자식을 직접 가르치지 않았다. 이 내용은 앞 아홉째 마당에서 '자식은 가르치는 게 아니다'의 항에서도 제시된 바 있다.

학문하는 진정한 자세

학문하는 진정한 자세란 무엇인가? 논리의 타당함이 아니라 친소관계가 평가의 잣대가 되고 있으며, 객관적 글쓰기를 검증하지는 않고 선배니까 또는 후배니까 혹은 선생님 논문인데…… 하면서 어물쩍 넘어가 버린다.

그 순간 학문은 왜곡되고 사람들은 고개를 돌린다. 참다운 학문은 그만큼 멀어질 뿐이다. 그렇다면 어떻게 해야 하는가?

學問者, 天下之公物也. 苟其言之倍道, 雖出於大人君子者, 尙不敢尊信, 況下於是者哉. 苟其言之中理, 雖出於鄙夫庸人者, 尙當表章之, 況進於是者哉.

『與猶堂全書』 題・跋 <心經疾書跋>

그렇다. 학문은 한 개인의 사유물일 수 없다. 사유재산이야 제 멋대로 처분할 수 있겠으나 공유물은 누구든지 함부로 다룰 수 없는 것이다. 예컨대, 국립중앙도서관을 한 개인이 제 멋대로 팔아넘길 수 있는가?

그럴 수 없다. 마찬가지이다. 학문 역시 공유물인 만큼 공정하게 다루어져야 한다. 그런 풍토를 만들어야 한다. 다산 정약용 선생은 이 점을 날카롭게 지적한다.

공부하는 이유가 뭘까?

우리는 어려서부터 지금까지 '공부 좀 해라!'는 말을 귀에 못이 박히도록 들어왔다. 아마도 삶이 끝나는 순간까지 이 말로부터 자유롭기는 애당초 어려울 듯싶다. 자의든 타의든 우리는 끊임없이 공부와 함께 살아가야 할 것이다. 도대체 공부는 왜 해야만 하는 걸까?

學問是吾人所不得不爲之事. 古人謂第一等義理, 余謂此言有病, 當正之曰, 唯一無二底義理. 蓋有物有則[1], 人而不志於學, 是不循其則也. 故曰近於禽獸爾.

『與猶堂全書』 贈言・家誡 <爲盤山丁修七贈言字乃則 長興人>

다산은 '학문學問'하는 행위는 인간이 인간일 수 있는 하나의 특성으로 파악하고 있음을 알 수 있다. 만물에는 제각기 고유한 특성과 법칙이 있듯이 인간에게도 그러한 법칙이 있는데, 그 법칙 가운데 하나가 바로 '학문'하는 특성이라고 파악한다. 옛사람들은 의리를 제 일등으

1) 有則(유칙) : '법칙'을 뜻한다.

로 여겼지만 다산은 그 말에는 병폐가 있다고 생각한다. 그러면서 마땅히 바로잡아야 하는데, 다산의 견해는 유일무이唯一無二한 것이 바로 '의리'라는 것이다. 그러면서 사람에게 있는 법칙이 바로 '학문'을 하고자 하는 법칙인데, 이 법칙에 순응하지 않으면 결국은 금수禽獸에 가깝다는 것이다. 말하자면 공부하지 않는 사람은 '인간이기를 거부한 존재'가 된다. 인간이면서 인간이기를 거부하니까 '금수'가 된다. 옛사람들은 그런 사람을 일컬어 "금수만도 못한 놈"이라 비난하기도 했다. 여기에서 말하는 '공부'는 단순한 의미가 아니다. 이론과 지식의 습득만을 의미하지 않았다. 몸소 실천하지 않는 것은 공부가 아니었다. 공부합시다!

> 學者如禾如稻[2]), 不學者如蒿[3])如草, 如禾如稻兮, 國之精糧, 世之大寶, 如蒿如草兮, 耕者憎嫌[4]), 鋤[5])者煩惱, 他日面墻, 悔之已老.

『明心寶鑑』 勤學篇

이 글은 중국 북송의 휘종황제徽宗皇帝가 사람들에게 때를 놓치지 말고 부지런히 배울 것을 강조한 것이다. 배운 사람을 벼에, 배우지 못한 사람을 쑥과 잡초에 비유하였다. 배운 사람은 나라의 훌륭한 양식이라 세상의 큰 보배라고 하였으며 배우지 못한 사람은 김매고

2) 稻(도) : 벼 도.
3) 蒿(호) : 쑥 호.
4) 憎嫌(증혐) : 미워하고 싫어함.
5) 鋤(서) : 호미 서.

밭가는 사람이 귀찮게 여기는 쓸모없는 잡초라고 하여 젊어서 배우지 않고 훗날 후회해도 아무 소용이 없음을 전하고 있다.

太公曰, 人生不學, 冥[6]冥如夜行.

『明心寶鑑』 勤學篇

사람이 배우지 않으면 어두운 밤길을 가는 것과 같다고 한 것은, 사람이 배우지 않으면 세상 사물의 이치를 모르기 때문에 막막하다는 것을 의미한다. 세상은 "아는 만큼 보인다"고 한다. 이를테면 여행을 가더라도 여행지에 관한 정보를 알고 가는 경우와 그렇지 않은 경우의 차이는 엄청나다. 사찰을 구경하더라도 상식선 수준에서 건축 양식을 조금 알고 보는 것과 전혀 모르는 데서 오는 차이는 달라지게 마련이다. 잠깐의 여행이 이러할진대 인생이라는 긴 여정에서 학문의 힘은 새삼 강조하지 않아도 될 듯하다.

---

6) 冥(명) : 어두울 명.

옛사람들은 이렇게 학문을 권장했다

勿謂今日不學而有來日, 勿謂今年不學而有來年,

日月逝[1]矣, 歲不我延[2], 嗚呼[3]老矣, 是誰之愆[4]?

『古文眞寶』

이 글 역시 중국 송대宋代 주희朱熹의 유명한 권학문勸學文이다. 그의 우성偶成이란 권학시勸學詩[5]와 함께 널리 알려졌다. 오늘 할 일을 내일로 미루지 말라는 말이 있다. 오늘 하지 않은 일은 내일이 돼도 결국 이룰 수 없으며, 세월은 어찌되었건 흘러가는 것이니 일분일초라도 아껴서 학문에 힘써야 함을 갈파하고 있다. 훗날 늙어서 후회한들 이것이 누구의 허물이겠는가?

---

1) 逝(서) : 가다, 뜨다 서.
2) 延(연) : 끌다, 끌어들이다, 이끌다 연.
3) 嗚呼(오호) : 슬퍼 탄식할 때 나오는 감탄사.
4) 愆(건) : 허물, 죄, 과실 건.
5) 勸學詩(권학시) : 少年易老學難成, 一寸光陰不可輕. 未覺池塘春草夢, 階前梧葉已秋聲.(소년은 늙기 쉽우나 학문은 이루기 어려우니 매우 짧은 시간일지라도 결코 가벼이 여길 수 없다. 연못가 봄풀은 아직 꿈을 깨지 않았는데, 뜰 앞의 오동나무 잎사귀는 벌써 가을 소리를 내는구나!)

사실 배운다는 것은 인간이 살다가 죽는 순간까지 이어진다고 할 수 있다. 우리 인간이 살아가는 삶 자체가 곧 배움이고 공부이니까. 이렇게 배운다는 자세로 살게 되면 자신은 늘 발전할 수 있는 것이다. 그러나 제일 중요한 것은 청소년기의 학교 공부일 것이다. 이 시기에 제대로 공부가 되어야 우리가 살아가는 데 기초가 되고, 인생의 자양분이 되어서 각자가 원했던 바의 삶을 살 수 있을 것이다.

> 朱文公曰, 家若貧, 不可因貧而廢[6]學, 家若富, 不可恃[7]富而怠[8]學. 貧若勤學, 可以立身, 富若勤學, 名乃[9]光榮[10]. 惟見學者顯[11]達[12], 不見學者無成, 學者乃身之寶[13], 學者乃世之珍[14]. 是故, 學則乃爲君子, 不學則爲小人, 後之學者, 宜[15]各勉[16]之.
>
> 『明心寶鑑』 勤學篇

형편이 넉넉지 못하다 하여, 먹고사는 일이 더 급하다 하여 공부를 포기하게 되면 자신이 처한 그 세계에서 조금도 벗어날 수 없다. 학교

6) 廢(폐) : 폐할 폐.
7) 恃(시) : 믿을 시.
8) 怠(태) : 게으를 태.
9) 乃(내) : 이에 내.
10) 榮(영) : 영화 영.
11) 顯(현) : 드러날 현.
12) 達(달) : 달할 달.
13) 寶(보) : 보배 보.
14) 珍(진) : 보배 진.
15) 宜(의) : 마땅할 의.
16) 勉(면) : 힘쓸 면.

공부의 1, 2년의 지연은 큰 시련이 아니다. 진짜 시련은 공부를 포기했을 때이다. 그러므로 어떤 환경에 있더라도 늘 공부하는 자세와 공부에의 꿈을 놓지 않는다면 곧 내 삶의 희망을 이루게 해줄 수 있는 끈이 되어 주는 것이다.

경험으로 배우기

요즘 우리는 참 많은 것을 배운다. 초등학교 6년, 중·고등학교 6년, 대학교 4년, 이렇게만 잡아도 16년을 계속해서 배운다. 16년 동안 배운 것의 양을 따지면 어마어마할 것이다. 학교에서만 배우는 것이 아니라 학원도 다니고, 과외도 받고 실로 엄청나다. 책만 읽는 것도 아니고, 영화나 드라마도 보고, 악기도 연주하고, 음악도 듣고, 그림도 그리고, 만들기도 하며, 컴퓨터도 다루고, 특별한 기술을 배우기도 한다. 옛사람과는 비교할 수 없는 엄청난 시간과 노력을 배우는 데 쏟아 붓고 있는 것이다.

그럼에도 불구하고, 오늘날 우리가 옛사람보다 많이 안다고 할 수 있는가에 대해서는 답을 하기 어렵다. 우리가 옛사람보다 더 지혜로운 것일까? 삶에 대해서 또는 나 자신에 대해서 더 많이 알고 있는 것일까?

莊子云, 不登峻嶺[1], 不知天高. 不履深崖[2], 豈知地厚.

1) 峻嶺(준령) : 험준한 산봉우리. 준(峻)은 높다, 가파르다. 령(嶺)은 재, 산봉우리.
2) 崖(애) : 벼랑, 모.

人不遊於聖道, 焉可謂賢.

『明心寶鑑』勤學篇

오늘날은 굉장히 많은 시간과 노력을 배움에 투자할 뿐만 아니라 엄청나게 빠른 속도로 배운다. 그 동안의 모든 지식과 기술·정보를 종합한 책들이 무더기로 쏟아져 나오고 인터넷을 통해 실시간으로 전 세계의 문화와 접할 수 있다. 한여름 방안에 앉아서 스키 강좌를 들을 수도 있다. 지식과 정보를 너무도 손쉽게 폭식하게 된 것이다. 그래서 우리는 정말 많은 것을 안다. 머리에는 온갖 지식과 정보가 가득 차 있고 쉽게 자만에 빠진다.

그러나 아무 것도 느끼지 못한다. 백두산의 높이가 2744m이며, 우리나라에서 가장 높은 산이라는 것은 알지만 그 산의 웅장함이 주는 경외감이나 험준한 산길이 주는 고통, 산이 내뿜는 진한 흙냄새를 느끼지 못한다. 직접 가보지 않고는 알 수 없는 것들이 있다. 그리고 그것이 더 본질에 가까운 것인지 모른다. 머리로 아는 것은 다 아는 것이라 할 수 없고 아직 내 것이라 말할 수 없다.

子夏曰, 博學而篤[3]志, 切問而近思, 仁在其中矣.

『論語』子張篇

책이나 컴퓨터 등 간접적으로 배우는 것에 익숙한 우리들은 경험으로 배우는 것을 못 참는다. 배우는 것이 무엇인지 한눈에 들어오지도

3) 篤(독) : 도탑다, 굳다, 인정이 많다, 도타이 하다.

않고, 많은 시간을 필요로 하며, 배운 결과가 단번에 나타나는 것도 아니고, 무엇보다도 힘이 든다. 그리고 어디서부터 시작해야 되는지 막막하기만 하다. 백두산을 알기 위해서 지금 당장 백두산을 오를 수는 없는 노릇이다. 가까이 있는 것, 내 주변에 있는 산에서부터 시작하면 어떨까?

부 록

歲時風俗

荀子

中國詩歌

擊蒙要訣

孝烈錄

適千里說

退溪箴言

三國史記

流配詩文

冠婚喪祭

歲時風俗

『京都雜誌』

正月 (元日) 男女悉著新衣曰歲粧 往拜親戚長者曰歲拜 饋以時食曰歲饌 酒曰歲酒.

(上元) 黃昏持炬登高 謂之迎月 以先見月者爲吉.

五月 (端午) 端午俗名戌衣日 戌衣者東語車也. 是日作艾糕 象車輪形食之 故謂之戌衣日.

六月 (中元) 俗稱百種節 都人盛設饌 登山歌舞爲樂.

八月 (中秋) 俗稱秋夕 又曰嘉俳.

九月 (重九) 采菊花爲糕 與重三之鵑花糕同 亦稱花煎.

十二月 (除夕) 禁中發大砲 號年終放砲.

『洌陽歲時記』

正月 (立春) 閭閻市廛 皆剪紙 寫立春 貼之柱楣 或代以詩詞 道祝釐之意 如宮殿春帖子之例.

(上元) 粘稻米 署烝爲飯 拌油蜜豉醬 棗栗取肉 細切收之 多寡視米再烝爛熟 薦祖羞賓 鄰里相饋遺 名曰藥飯.

二月 二三月之交 風雨凄冷如冬令 俗稱花妬娟.

三月 京城花柳 盛於三月 南山之蠶頭 北岳之弼雲洗心二臺 爲遊賞湊集之所 雲攢霧簇 盡一月不衰.

四月 (八日) 中國燃燈用上元 而東俗用四月八日 其源出於竺敎 盖以是日爲如來降期也.

五月 (端午) 國人稱端午曰水瀨日 謂投飯水瀨 享屈三閭也.

六月 (十五日) 羅麗時 國人士女 具酒食 就東流水頭 沐浴宴樂 祓餘不祥 如古昔溱洧之俗 故名其日曰流頭.

七月 (中元) 僧家以是日設齋 薦先魂 市井小民相聚讌飮 以爲樂 盖略沿舊習也.

八月 (秋夕) 士大夫家以上 正朝寒食中秋冬至四名日墓祭 而正至或有不行者 惟寒食中秋爲盛 而寒食又不如中秋之盛.

九月 楓菊時 士女遊賞 略似花柳 而士大夫好古者 多以重陽日 登高賦詩.

十月 (二十日) 江華海中有驗礁曰孫石項 …… 嘗有梢工孫石者 以十月二十日 寃死于此 遂以名其地 至今値是日 多風寒栗烈.

十一月 (冬至) 觀象監進明年曆書 御覽及頒賜.

十二月 (除夕) 人家軒閣廊廡門竈圊溷 皆點燈達夜 上下老幼限鷄鳴不眠 謂之守歲.

『東國歲時記』

正月 (立春) 雨順風調 時和年豐, 壽如山 富如海, 立春大吉 建陽多慶, 堯之日月 舜之乾坤, 父母千年壽 子孫萬代榮.

三月 (三日) 採杜鵑花 拌糯米粉 作圓餻 以香油煮之 名曰花煎.

(寒食) 都俗 上墓澆奠 用正朝寒食端午秋夕四名節.

四月 (八日) 八日卽浴佛日 東俗以是日燃燈 謂之燈夕.

六月 (流頭) 十五日 東俗稱流頭日.

(三伏) 烹狗 和葱爛蒸 名曰狗醬.

七月 (七夕) 人家曬衣裳 蓋古俗也.

(中元) 十五日 東俗稱百種日.

八月 (秋夕) 十五日 東俗稱秋夕 又曰嘉俳 肇自羅俗 鄕里田家 爲一年最重之名節.

十月 (月內) 都俗 以蔓菁菘蒜椒鹽 沈菹于陶甕 夏醬冬菹 卽人家一年之大計也.

十一月 (冬至) 冬至日稱亞歲 煮赤豆粥 用糯米粉 作鳥卵狀 投其中爲心和蜜 以時食供祀 灑豆汁於門板 以除不祥.

荀子

不聞不若聞之, 聞之不若見之, 見之不若知之, 知之不若行之, 學至於行之而止矣. 行之明也, 明之爲聖人, 聖人也者, 本仁義, 當是非, 齊言行, 不失豪釐, 無他道焉, 已乎行之矣. 故聞之而不見, 雖博必謬, 見之而不知, 雖識必妄, 知之而不行, 雖敦必困. 不聞不見, 則雖當非仁也, 其道百擧而百陷也.

故人無師無法, 而知則必爲盜, 勇則必爲賊, 云能則必爲亂, 察則必爲怪, 辯則必爲誕. 人有師有法, 而知則速通, 勇則速威, 云能則速成, 察則速盡, 辯則速論. 故有師法者, 人之大寶也, 無師法者, 人之大殃也. 人無師法, 則隆性矣, 有師法, 則隆積矣. 而師法者, 所得乎情, 非所受乎性, 不足以獨立而治. 性也者, 吾所不能爲也, 然而可化也. 情也者, 非吾所有也, 然而可爲也. 注錯習俗, 所以化性也, 并一而不二, 所以成積也. 習俗移志, 安久移質. 并一而不二, 則通於神明, 參於天地矣. 故積土而爲山, 積水而爲海, 旦暮積謂之歲, 至高謂之天, 至下謂之地, 宇中六指, 謂之極, 涂之人百姓, 積善而全盡, 謂之聖人. 彼求之而後得, 爲之而後成, 積之而後高, 盡之而後聖, 故聖人也者, 人之所積也.

人積耨耕而爲農夫, 積斲削而爲工匠, 積反貨而爲商賈, 積禮義而爲君子. 工匠之子, 莫不繼事, 而都國之民, 安習其服. 居楚而楚, 居越而越,居夏而夏, 是非天性也, 積靡使然也. 故人知謹注錯, 愼習俗, 大積靡, 則爲君子矣. 縱性情而不足問學, 則爲小人矣. 爲君子則常安榮矣, 爲小人則常危辱矣. 凡人莫不欲安榮, 而惡危辱. 故唯君子爲能得其所好, 小人則日徼其所惡. 詩曰, 維此良人, 弗求弗迪, 維彼忍心, 是顧是復, 民之貪亂, 寧爲荼毒. 此之謂也.

『荀子』儒效篇

中國詩歌

藍田石門精舍 (王維)

落日山水好 漾舟信歸風 玩奇不覺遠 因以緣源窮
遙愛雲木秀 初疑路不同 安知清流轉 偶與前山通
捨舟理輕策 果然愜所適 老僧四五人 逍遙蔭松柏
朝梵林未曙 夜禪山更寂 道心及牧童 世事問樵客
暝宿長林下 焚香臥瑤席 澗芳襲人衣 山月映石壁
再尋畏迷誤 明發更登歷 笑謝桃源人 花紅復來觀

行路難 (李白)

(一)

金樽淸酒斗十千 玉盤珍羞値萬錢 停杯投箸不能食 拔劍四顧心茫然
欲渡黃河氷塞川 將登太行雪滿山 閑來垂釣碧溪上 忽復乘舟夢日邊
行路難 行路難 多岐路 今安在
長風破浪會有時 直掛云帆濟滄海

(二)

大道如青天 我獨不得出 羞逐長安社中兒 赤鷄白狗賭梨栗

劍作歌奏苦聲 曳裾王門不稱情 淮陰市井笑韓信 漢朝公卿忌賈生

君不見昔時燕家重郭隗 擁篲折節無嫌猜 劇辛樂毅感恩分 輸肝剖膽效英才

昭王白骨縈蔓草 誰人更掃黃金臺 行路難 歸去來

(三)

有耳莫洗潁川水 有口莫食首陽蕨 含光混世貴無名 何用孤高比云月

吾觀自古賢達人 功成不退皆殞身

子胥旣棄吳江上 屈原終投湘水濱 陸機雄才豈自保 李斯稅駕苦不早

華亭鶴唳詎可聞 上蔡蒼鷹何足道

君不見 吳中張翰稱達生 秋風忽憶江東行

且樂生前一杯酒 何須身后千載名

佳人 (杜甫)

絶代有佳人 幽居在空谷 自云良家子 零落依草木

關中昔喪亂 兄弟遭殺戮 官高何足論 不得收骨肉

世情惡衰歇 萬事隨轉燭 夫壻輕薄兒 新人美如玉

合昏尙知時 鴛鴦不獨宿 但見新人笑 那聞舊人哭

在山泉水淸 出山泉水濁 侍婢賣珠回 牽蘿補茅屋

摘花不插髮 采柏動盈掬 天寒翠袖薄 日暮倚修竹

江村卽事 (司空曙)

罷釣歸來不繫船 江村月落正堪眠
縱然一夜風吹去 只在蘆花淺水邊

山農詞 (張籍)

老農家貧在山住 耕種山田三四畝
苗疎稅多不得食 輸入官倉化爲土
歲暮鋤犁傍空室 呼兒登山收橡實
西江賈客珠百斛 舟中養犬長食肉

左遷至藍關示侄孫湘 (韓愈)

一封朝奏九重天 夕貶潮陽路八千
欲爲聖明除弊事 肯將衰朽惜殘年
雲橫秦嶺家何在 雪擁藍關馬不前
知汝遠來應有意 好收吾骨瘴江邊

早行 (周邦彦)

月皎驚烏栖不定 更漏將闌 轣轆牽金井 喚起兩眸淸炯炯 淚花落枕紅綿冷

執手霜風吹鬢影 去意徘徊 別語愁難聽 樓上欄干橫斗柄 露寒人遠雞相應

擊蒙要訣 (李珥)

「擊蒙要訣序」

人生斯世 非學問 無以爲人 所謂學問者 亦非異常別件物事也 只是爲父當慈 爲子當孝 爲臣當忠 爲夫婦當別 爲兄弟當友 爲少者當敬長 爲朋友當有信 皆於日用動靜之間 隨事各得其當而已 非馳心玄妙 希覬奇效者也 但不學之人 心地茅塞 識見茫昧 故 必須讀書窮理 以明當行之路然後 造詣得正而踐履得中矣 今人 不知學問 在於日用 而妄意高遠難行 故推與別人 自安暴棄 豈不可哀也哉

「立志」

初學 先須立志 必以聖人自期 不可有一毫自小退託之念 蓋衆人與聖人 其本性則一也 雖氣質不能無淸濁粹駁之異 而苟能眞知實踐 去其舊染而復其性初 則不增毫末而萬善具足矣 衆人 豈可不以聖人自期乎 故孟子道性善 而必稱堯舜以實之曰 人皆可以爲堯舜 豈欺我哉

凡人 自謂立志 而不卽用功 遲回等待者 名爲立志 而實無向學之誠故

也 苟使吾志 誠在於學 則爲仁由己 欲之則至 何求於人 何待於後哉 所貴乎立志者 卽下工夫 猶恐不及 念念不退故也 如或志不誠篤 因循度日 則窮年沒世 豈有所成就哉

適千里說 (金正喜)

今夫適千里者, 必先辨其徑路之所在, 然後有以爲擧足之地.

當其出門而行, 固倀倀何之, 必詢於識塗之人. 迨其人告以正大之路, 又細指其邪徑之不可由者, 懇懇然, 以爲由其邪, 必入於荊棘, 由其正, 必得其歸. 人之爲言, 可謂盡心矣.

而多疑者, 遲遲不敢信也, 復問之一人, 又復問之一人. 至其傍人之以誠居心者, 幷不俟問, 而盡擧其塗之曲折, 陳之我前惟已之. 或誤至於人, 人皆同一言. 此亦可以篤信, 而奔趨恐後矣.

彼愈生疑謂, 吾不敢從, 人之所共是者, 其所共非者, 吾又不知其果非也. 吾須歷試之, 卒致入於坎臼, 而莫救也. 卽使終覺其迷而返之, 亦虛廢時歲, 勞耗心力, 有日不暇給之, 憂何如. 卽人之所明白曉示, 而力行之, 爲收功之易耶.

『阮堂先生文集』卷一

退溪箴言 (李滉)

不知而無爲者 非其人之罪

學者用工 莫切於心身

持心貴在不欺 立朝當戒喜事

居處恭 執事敬 與人忠

靜而嚴肅 敬之體也

晝之所讀 夜必思繹

知而不爲之者 知也非眞知也

爲而不自力者 同歸於自棄者也

常有不可奪之志 不可屈之氣 不可昧之識

守正則多礙 隨重則失身 此爲第一難事耳

可進而進固義也 不可進而不進亦義也

夫婦人倫之始 萬福之源 雖至親至密 而亦至正至謹之地

義理無窮故 爲學亦無窮 人心易染故 省改當益急

貧窮 士之常事 亦何介意 但當堅忍而順處 自修以待天可也

如深山茂林之中 有一蘭草終日薰香 而不自知其爲香 正合於君子爲己之義

學校風化之源 首善之地 禮儀之宗 元氣之寓也

師生之間 尤當以禮義 相先內主忠信 外行遜悌

世間許多英才 混汨俗學

古人悅親 不必官爵

學未成而驟得路 自故鮮有不失其步者

無良無賴之徒 有一端之長則取之 實與人爲善之道也

『退溪評傳』

三國史記 (金富軾)

太宗武烈王立. 諱春秋 眞智王子伊飡龍春(一云龍樹)之子也. 母 天明夫人 眞平王女. 妃 文明夫人 舒玄角飡女也.

○ 二年 春正月, 高句麗與百濟·靺鞨連兵, 侵軼我北境, 取三十三城. 王遣使入唐求援

冬十月, 王女智照下嫁大角飡庾信.

○ 六年 夏四月, 百濟頻犯境, 王將伐之, 遣使入唐乞師.

○ 七年 春正月, 拜伊飡金庾信爲上大等.

三月, 唐高宗命左武衛大將軍蘇定方, 爲神丘道行軍大摠管, 金仁問爲副大摠管, 帥左驍衛將軍劉伯英等水陸十三萬軍, 以伐百濟.

夏五月二十六日, 王與庾信·眞珠·天存等, 領兵出京,

六月十八日, 次南川停. 定方發自萊州, 舳艫千里, 隨流東下. 二十一日, 王遣太子法敏, 領兵船一百艘, 迎定方於德物島. 定方謂法敏曰, "吾欲以七月十日至百濟南, 與大王兵會, 屠破義慈都城." 法敏曰, "大王立待大軍, 如聞大將軍來, 必蓐食而至." 定方喜, 還遣法敏徵新羅兵馬. 法敏至, 言定方軍勢甚盛, 王喜不自勝. 又命太子與大將軍庾信·將軍品日·欽春(春或作純)等, 率精兵五萬, 應之, 王次今突城.

秋七月九日, 庾信等, 進軍於黃山之原, 百濟將軍堦伯<階伯>, 擁兵而

至, 先據嶮, 設三營以待. 庾信等, 分軍爲三道, 四戰不利, 士卒力竭. 將軍欽純<欽春>謂子盤屈曰, "爲臣莫若忠, 爲子莫若孝, 見危致命, 忠孝兩全." 盤屈曰, "謹聞命矣." 乃入陣, 力戰死. 左將軍品日, 喚子官狀(一云官昌.), 立於馬前, 指諸將曰, "吾兒年纔十六, 志氣頗勇, 今日之役, 能爲三軍標的乎?" □□官狀曰, "唯!" 以甲馬單槍, 徑赴敵陣, 爲賊所擒, 生致堦伯<階伯>. 堦伯<階伯>俾脫胄, 愛其少且勇, 不忍加害, 乃嘆曰, "新羅不可敵也, 少年尙如此, 況壯士乎!" 乃許生還. 官狀告父曰, "吾入敵中, 不能斬將搴旗者, 非畏死也." 言訖, 以手掬井水飮之, 更向敵陣疾鬪. 階伯擒斬首, 繫馬鞍以送之. 品日執其首, 流血濕袂. 曰, "吾兒面目如生. 能死於王事, 幸矣!" 三軍見之, 慷慨有死志, 鼓噪進擊, 百濟衆大敗, 階伯死之, 虜佐平忠常·常永等二十餘人. 是日, 定方與副摠管金仁問等, 到伎伐浦, 遇百濟兵, 逆擊大敗之. 庾信等至唐營, 定方以庾信等後期, 將斬新羅督軍金文穎(或作永.)於軍門. 庾信言於衆曰, "大將軍不見黃山之役, 將以後期爲罪. 吾不能無罪而受辱, 必先與唐軍決戰, 然後破百濟." 乃杖鉞軍門, 怒髮如植, 其腰間寶劍, 自躍出鞘. 定方右將董寶亮躡足曰, "新羅兵將有變也." 定方乃釋文穎之罪. 百濟王子使佐平覺伽, 移書於唐將軍, 哀乞退兵. 十二日, 唐·羅軍□□□圍義慈都城, 進於所夫里之原. 定方有所忌不能前, 庾信說之, 二軍勇敢, 四道齊振. 百濟王子又使上佐平致饔餼豐腆, 定方却之. 王庶子躬與佐平六人謂<詣>前乞罪, 又揮之. 十三日, 義慈率左右, 夜遁走, 保熊津城, 義慈子隆與大佐平千福等, 出降. 法敏跪隆於馬前, 唾面罵曰, "向者, 汝父枉殺我妹, 埋之獄中, 使我二十年間, 痛心疾首, 今日汝命在吾手中!" 隆伏地無言. 十八日, 義慈率太子及熊津方領軍等, 自熊津城來降. 王聞義慈降,八月二日, 大置酒勞將士, 王與定方及諸將, 坐於堂上, 坐義慈及子隆於堂下, 或使義慈行酒, 百濟佐平等群臣莫不嗚咽流涕.

九月三日, 郎將劉仁願, 以兵一萬人, 留鎭泗沘城, 王子仁泰與沙飡日原·級飡吉那, 以兵七千副之. 定方以百濟王及王族臣寮九十三人, 百姓一萬二千人, 自泗沘乘舡廻唐. 金仁問與沙飡儒敦·大奈麻中知等偕行.

○ 八年 春二月, 百濟殘賊來攻泗沘城.

五月九日(一云十一日.), 高句麗將軍惱音信與靺鞨將軍生偕合軍, 來攻述川城, 不克. 移攻北漢山城, 列抛車飛石, 所當陴屋輒壞. 城主大舍冬陁川使人擲鐵蒺蔾於城外, 人馬不能行, 又破安養寺廩廥, 輸其材, 隨城壞處, 卽構爲樓櫓, 結絙網, 懸牛馬皮綿衣, 內設弩砲以守. 時, 城內只有男女二千八百人, 城主冬陁川能激勵少弱, 以敵强大之賊, 凡二十餘日. 然糧盡力疲, 至誠告天, 忽有大星, 落於賊營, 又雷雨以震, 賊疑懼解圍而去. 王嘉奬冬陁川, 擢位大奈麻. 移押督州於大耶, 以阿飡宗貞爲都督.

六月, 大官寺井水爲血, 金馬郡地流血廣五步. 王薨. 諡曰武烈, 葬永敬寺北, 上號太宗.

『三國史記』「新羅本紀」五卷

流配詩文

四月初一日 (鄭道傳)

山禽啼盡落花飛	산새소리 그치고 꽃은 날리는데,
客子未歸春已歸	나그네는 못 가고 봄만 돌아갔네.
忽有南風情思在	홀연히 부는 남풍 정이 있는지,
解吹庭草也依依	뜰 풀에 흩어 불어 무성히 하네.

送春日別人 (趙云仡)

謫臣傷心涕淚揮	귀양 간 신하 마음 상해 눈물 뿌리면서,
送人兼復送春歸	사람을 보내고 또 봄마저 가는 것을 보낸다.
春風好去無留意	봄바람아 잘 가거라 머무르지 말고,
久在人間學是非	인간 속에 오래 있으면 시비是非만 배운다네.

聞子規 (端宗)

一自寃禽出帝宮	한 마리 스스로 원통한 새로 궁중을 나와,
孤身隻影碧山中	외로운 몸 홀로 된 그림자와 푸른 산중에 지내네.
假眠夜夜眠無假	밤마다 잠을 청해도 잠은 오지 않고,
窮恨年年恨不窮	해마다 한이 다해도 한은 끝이 없네.
聲斷曉岑殘月白	새벽 봉우리엔 소쩍새 소리 끊어지고 남은 달빛만 흰데,
血流春谷落花紅	피 흐른 듯한 봄 골짜기에는 떨어지는 꽃이 붉네.
天聾尙未聞哀訴	하늘은 귀머거리인지 아직도 슬픈 호소 듣지 못하고,
何奈愁人耳獨聰	어찌하여 수심 찬 나의 귀만 홀로 밝혀 놓았는가?

夜坐 (李胄)

陰風慘慘雨淋淋	음산한 바람 매섭고 비는 떨어지는데,
海氣連山石竇深	바다 기운 산을 둘러 돌구멍이 깊어 보이네.
此夜浮生餘白首	이 밤 떠돌이 인생에 흰머리만 남았지만,
點燈時復顧初心	불을 켤 때면 다시 초심初心으로 돌아가네.

居昌山中 (金湜)

日暮天含墨	해 저물어 하늘 어두워지고,
山空寺入雲	산은 비고 절에는 구름만 드네.
君臣千載義	군신 간에 천 년의 의리가 있으니,
何處有孤墳	어느 곳에 외로운 무덤이 있으리오?

絶命詞 (金淨)

投絶國兮作孤魂	외딴섬에 던져져 고혼이 되는구나,
遺慈母兮隔天倫	어머니를 두고 가니 천륜이 막혔네.
遺斯世兮殞余命	이 세상을 버리고 내 목숨 떨어지니,
乘雲氣兮歷帝閽	구름을 타고 천제天帝의 성문城門을 지나며,
從屈原兮高逍遙	굴원을 따라 고상하게 소요나 하리.
長夜冥兮何時朝	긴 밤 어두우니 어느 때 아침 될까?
炯丹衷兮埋草萊	빛나던 붉은 마음 풀밭에 묻히었고,
堂堂壯志兮中道摧	당당한 장한 뜻 중도에 꺾이었네.
嗚呼千秋萬歲兮應我哀	아아 천년만년 내 슬픔 알아줄 이 있으리.

德源謫舍感吟 (宋時烈)

蔀屋長深坐	차양 가린 집에 깊숙이 앉아 있노라,
今春未見花	올 봄엔 꽃도 보지 못하였네.
空聞鵑夜哭	부질없이 두견새 밤에 우는소리 들으니,
不得夢還家	꿈에 집에 돌아가는 것도 이루지 못했네.

行到漢江 (金鎭衡)

萬死猶輕竄配加	만사를 가벼이 하니 찬배에 처해졌네,
蒼茫中路未歸家	아득히 길 가다가 집에도 못 가보고.
迷津謫客江頭立	나루터 헤매던 적객 강가에 서 보니,
兩岸風濤日暮多	양 언덕 풍도 속에 해도 많이 저물었네.

人生

人生十年曰幼, 學. 二十曰弱, 冠. 三十曰壯, 有室. 四十曰强, 而仕. 五十曰艾, 服官政. 六十曰耆, 指使. 七十曰老, 而傳. 八十九十曰耄, 七年曰悼, 悼與耄, 雖有罪, 不加刑焉. 百年曰期, 頤. 大夫七十而致事. 若不得謝, 則必賜之几杖, 行役以婦人. 適四方乘安車. 自稱曰老夫, 於其國則稱名. 越國而問焉, 必告之以其制.

『禮記』曲禮篇

尹公與予同年登科 年已三十有餘, 而踰四十始霑一命, 人皆以爲晚 而公就仕尤謹. 及知遇於先君之大用 一日九遷 登顯位作司命 不待矯揉而蔚乎其達矣. 其所立者先難 而其所就者後易. 蓋有同於是栗之花實 余請以理喩 夫草木之勾土 其萌深而其折遲, 必成乎幹矣. 水泉之盈科 其出霑而其流止 止則匯匯而淵 必達乎海矣. 故其遲必將以速也, 其止必將以達也. 則虧可以盈謙可以益者 亦何異哉.

白文寶,『東文選』卷九十六, <栗亭說>

人生無根蔕[1]	인생은 뿌리가 없는 것,
飄如陌上塵	바람에 휘날리는 길 위의 먼지와 같다.
分散逐風轉	바람 따라 흩어져 전전하나니,
此已非常身[2]	이는 이미 불변의 몸이 아님을 알리라.
落地爲兄弟	땅에 떨어져 형제가 됨은,
何必骨肉親	어찌 골육간의 친척뿐이랴?
得歡當作樂	기쁨을 얻으면 마땅히 즐김을 누릴 것이,
斗酒聚比鄰[3]	말술 앞에 놓고 이웃을 모으리.
盛年不重來	청춘은 거듭 오지 않고,
一日難再晨	하루 해는 두 번 새벽되기 어렵구나.
及時[4]當勉勵	좋은 때를 잃지 말고 면려할지니,
歲月不待人	세월은 사람을 기다리지 않누나.

陶淵明, 『古文眞寶』 <雜詩>

1) 根蔕(근체) : 根柢. 튼튼한 뿌리. 蔕(가시 체. 꼭지. 배꼽).
2) 常身(상신) : 不變身. 늙거나 병들지 않는 몸.
3) 比隣(비린) : 가까운 이웃
4) 及時(급시) : 좋은 시기를 맞춘다.

冠婚喪祭

婚書1

再拜

忝親南陽洪甲東

忝親白伏承

嘉命許以

令愛貺室 僕之次子吉燮

年旣成長 未有伉儷 加之卜筮

已叶吉兆 玆有先人之禮 敬

遣使者 行納徵儀 伏惟

尊慈俯賜 鑑念不宣

謹再拜 上狀/ 癸未 九月 十日

婚書2

時維仲夏

尊體百福 僕之次子吉燮 年旣成長 未有伉儷 伏蒙

尊慈 許以

令愛貺室 玆有先人之禮 謹行納幣之儀 不備伏惟

尊照 謹拜 上狀

癸未 九月 十日

南陽后人 洪甲東再拜

親迎

維歲次癸未 九月壬戌朔 二十日辛酉 孝玄孫甲東

敢昭告于

顯高祖考處事府君

顯高祖妣孺人慶州金氏

顯曾祖考處事府君

顯曾祖妣孺人安東金氏

顯祖考處事府君

顯祖妣孺人密陽朴氏

顯祖妣孺人金海金氏

顯考處事府君

顯妣孺人安東金氏 甲東之次男吉燮 將以今日 親迎于

生員靑松郡朴乙洙之次女 不勝感愴 謹以酒果 用伸虔告 謹告

忌祭祝文

維歲次癸未 八月辛酉朔 二十四日丙申 孝孫 甲東
　敢昭告于
顯祖考處事府君/顯祖妣孺人金海金氏 歲序遷易
顯祖考處事府君 諱日復臨 追遠感時 不勝永慕
謹以淸酌庶羞 恭伸奠獻 尙
饗

墓祭山神祝

維歲次癸未 十月癸亥朔 初五日乙亥 幼學 洪甲東
　敢昭告于
土地之神 甲東 恭修歲事于
顯曾祖考處事府君之墓 維時保佑 實賴神休
敢以酒饌 敬伸奠獻 尙
饗

墓墓祭祝

維歲次癸未 十月癸亥朔 初五日乙亥 孝曾孫 甲東

敢昭告于

顯曾祖考處事府君之墓 氣序流易

霜露旣降 瞻掃封塋 不勝永慕

謹以淸酌庶羞 祗薦歲事 尙

饗

喪禮

山神祭祝

維歲次癸未 六月己未朔 二十一日甲午 幼學吉東

敢昭告于

土地之神 今爲甲東之父 處事慶州金公 營建宅兆

神其保佑 俾後無艱 謹以淸酌脯醢 祗薦于神 尙

饗

先塋祝

維歲次癸未 六月己未朔 二十一日甲午 五代孫吉東

敢昭告于

顯五代祖考處事府君之墓 今爲玄孫民澤 營建宅兆于右傍

謹以酒果 用伸虔告 謹

告

喪中祭禮

初虞祭祝

維歲次癸未 六月己未朔 二十二日乙未 孤哀子甲東
　敢昭告于
顯考處事府君 日月不居 奄及初虞 夙興夜處
　哀慕不寧 謹以淸酌庶羞 哀薦祫事 尙
饗

再虞祭祝

維歲次癸未 六月己未朔 二十四日丁酉 孤哀子甲東
　敢昭告于
顯考處事府君 日月不居 奄及再虞 夙興夜處
　哀慕不寧 謹以淸酌庶羞 哀薦虞事 尙
饗

三虞祭祝

維歲次癸未 六月己未朔 二十五日戊戌 孤哀子甲東
　敢昭告于
顯考處事府君 日月不居 奄及三虞 夙興夜處
　哀慕不寧 謹以淸酌庶羞 哀薦成事 尙

饗

卒哭祝

維歲次癸未 十月癸亥朔 初三日癸酉 孤哀子甲東
敢昭告于
顯考處事府君 日月不居 奄及卒哭 夙興夜處
哀慕不寧 謹以淸酌庶羞 哀薦成事 來日隮祔于
祖考處事府君 尙
饗

나오는 말

아무리 좋은 것도 소중하게 여기지 않으면 좋은 것이 되지 못한다. 한 마디를 들어도 소중하게 여기기만 하면 장광설이 이미 그 안에 있고, 한 번을 만나도 소중하게 여기기만 하면 영겁을 함께 하게 된다. 그런데 소중하게 여긴다는 것은, 그 사람의 말을 내 말로 바꾸어 보는 것이고, 또 내가 그 사람이 되어 말해 보는 것이다.